はじめに――「啓蒙思想」は過去のものか？

現代アジアは、近代に西欧で誕生した政治や経済などの制度が原理モデルになっている。日本やインドなど、国民を主人公にして、選挙権や言論の自由などの政治的自由を基本にする民主主義を政治体制の原理にしている国が多いが、これは、西欧で一八世紀末に、国王の専制支配を批判する国民の運動のなかから誕生したものである。経済も、ほとんどの国が市場原理に基づいて、国民や企業の自由な活動を認めるシステムを採用している。これが資本主義であり、これも西欧で誕生したものである。極論すると、宗教などの民族文化を除くと、すべてが西欧で誕生した制度が原理モデルなのである。

アジアの歴史はヨーロッパよりも古く、紀元前時代に誕生した儒教や仏教やヒンドゥー教などの宗教文化や思想、それに立脚した各国固有の制度があり、西欧諸国の植民地になる前のアジアは、一般化して言えば次のような状態にあった。王朝国家の盛衰や交替があったものの、アジア各地に支配者が世襲制の王朝国家の時代が長いこと続いた。そこでは自由で自立した国民は不在で、住民は、ただ専制支配者が命じるままに、自分の農業生産物や使役などの労働力を提供するだけの存在でしかなかった。支配者に対する反乱や新たな挑戦者の登場により王朝国家の交替が起こっても、住民には関係のない出来事であり、ただ新しい支配者を受け入れるだけだった。生きるための経済活動も、一部の国や地域で他国との貿易が行われたとはいえ、多くの国で古代から続く自給自足の農業を、村単位で細々と営むものだった。この伝統社会と国家体制を支えて、支配者の統治を正当化した政治思想が、支配者は徳をもった人間なので、住民が従うのは神と自然の摂理に適ったものである、と説いた儒教やヒンドゥー教などの教えだったのである。

しかし、アジアが軍事的に強大な西欧諸国の植民地になると、これらの王朝国家は排除されるか非力化されて植民地国家が創られた。そして、植民地国家の下で、西欧で誕生した人間の自立、人民主権、国民国家などの思想や制度などが流入すると、アジアの知識人は自国の伝統思想や制度との違いに驚愕することになった。これが「西欧の衝撃」である。アジアの知識人のなかには、近代西欧文明に反発してそれを拒否した者もいたが、大半は近代西欧文明に深い感銘を受けて受け入れたのである。そのさい、彼らは、自国の伝統思想や政治体制を護るために「和魂洋才《わこんようさい》」や「中体西用《ちゅうたいせいよう》」など、自国の伝統体制と西欧の物質文明の折衷を考えた者と、近代西欧文明で自国の伝統体制を根本的に作り変えようとした者に分かれた。このうち後者は、独立を護るために、あるいは植民地支配から独立するために、近代西欧文明で自国の国家体制や伝統社会を変革するための言説活動を行った。これが啓蒙思想家であり、ここから、近代西欧文明に依拠してアジアを変革する歴史的営為がはじまったのである。

ヨーロッパの思想とアジアの運命

とはいえ、近年は、世界史における「ヨーロッパ中心史観」への批判が強い。筆者も、もっと非ヨーロッパ地域の思想や制度慣行に眼を配って世界史をみることが必要だと考えている一人だが、それにもかかわらず、あえて近代西欧文明との関連でアジアをみようとするのは、次の理由による。近代西欧の政治思想史研究者の福田歓一は、『近代の政治思想』で、「すでにヨーロッパが局地化した、それが普遍でもなければ、世界でもないということは確実でありまして、問題はまさにヨーロッパが局地化したときに、近代ヨーロッパの生み出したものが普遍化し、人類の運命をからめとってしまったことにある」、と指摘しているが、筆者もこれに同意するからである。啓蒙思想も近代西欧文明が生みだし、普遍化して、人類の運命をからめとったものの一つなのである。

ただ、ヨーロッパ近代政治思想史研究者のジョン・ロバートソンは、『啓蒙とはなにか』で、「啓蒙思想は全ヨーロッパ大陸に及ぶ現象だったが、大西洋を横断して南北アメリカのヨーロッパ植民地に達し、さらに大西洋からインド洋と太平洋に向かい、インドや中国の文化に出会うものでもあった」、としながらも、「私が理解する啓蒙は、あくまでヨーロッパ世界の中の一現象である。類推や翻案を通じて中国や南アジア土着の啓蒙を構成することや、世界の歴史上の全く別の時代に移設することが可能だとしても」、自分はそれを検証することに関心はない、「良かれ悪しかれ、啓蒙はヨーロッパの創造物であり遺産である」、と明言している。ヨーロッパ研究者のロバートソンが、西欧で誕生した啓蒙思想をヨーロッパに限定してみようとすることは、それなりに理解できるが、アジア研究者である筆者は、福田が指摘したように、これをヨーロッパの地域外、すなわち、アジアの運命をどのようにからめとったのか、みることに関心がある。

なぜいま、「啓蒙思想」なのか

　現在、啓蒙思想を巡る出来事が過去のものになりつつあるなかで、なぜ、いま、アジアをみるさいに啓蒙思想が重要なのか、その理由は三つある。

　第一は、植民地化に伴ってアジアに近代西欧文明が流入すると、一部の知識人は西欧の原理で自国を作り変える啓蒙思想活動を行ったが、作り変えは現在も続いている営為だということである。現代アジアの諸問題を解く鍵の一つがここにある。

　第二は、これに関連するもので、現在アジアには、民主主義の国もあれば、軍政や一党独裁など権威主義体制の国もあるなど、政治や経済や社会が複雑、かつ不安定で極めて解りにくい状況にある。その一因は、西欧で誕生した原理を国創りの基本に考える人びとと、アジアの伝統思想や制度に基づいて国創りを考える人びとの間で、いまも「鬩《せめ》ぎ合い」が起こっていることにある。そのため、啓蒙思想家がどのようなことを説いたのかをみることは、解りにくいアジアを読み解く一助になることである。

　第三が、最も重要なもので、近年のアジアや世界の潮流に関わるものである。筆者は、現代世界は、近代に西欧で誕生した個人の自立、自由、民主主義が原理とも基礎ともなっている、いや、より正確に言えば、なるべきである、と考えている。しかし、近年アジアや世界の潮流はこれとは違う方向へと流れている。いくつか例を挙げてみよう。

　中国の習近平《しゅうきんぺい》国家主席が率いる共産党政府は二〇二〇年六月に、「一国二制度」下の香港に「香港国家安全維持法」を導入して、議会選挙を延期して抗議する人びとを逮捕し、民主派を排除した議会選挙を目論むなど、香港の人びとの政治的自由や人権を奪おうとしている。東南アジアは、タイの実質的な軍政、フィリピンのドゥテルテ大統領など、国民の自由や人権を制限する権威主義体制の国が増えているだけでなく、カンボジアはフン・セン首相が二〇一八年総選挙のさいに野党を徹底的に弾圧して、与党の人民党が全議席を独占して一党独裁体制を構築した。そして、ミャンマーは二〇二一年二月にクーデタが発生して、民主的選挙で選ばれたアウンサン・スーチー率いる国民民主連盟政府が覆された。インドは二〇一九年総選挙で、ヒンドゥー教思想に支えられた政党が政権に就いて、しばしば他の宗教に不寛容な政策を採っている。

これは民主主義の「母国」の欧米諸国も例外ではない。アメリカは、トランプ前大統領が国際社会との連携や国内の社会的弱者への配慮に背を向けて、白人を中心にした国益を最優先する政策に余念がなかった。イギリスも、ヨーロッパ連合（EU）から脱退して、ヨーロッパ諸国との協調よりも、国益を優先する政策を追求している。フランスやドイツでも、一部の人びとは、中東諸国のムスリムなど、非ヨーロッパ地域に住む人びとの移住や宗教を否定する政策を唱えている。

要するに、現在世界を、人びとの自由や人権を無視する「非自由主義」と民主主義を否定する「強権政治」、それに、自国の狭い排他的な国益に固執する「利己主義」の潮流が覆っているのである。とりわけ、アジアでは経済力を増強した中国を筆頭に、ミャンマー、タイ、カンボジアなどでこの動きが顕著である。そのため、二〇世紀前半期にアジアの一部の知識人が説いた、自由と平等を原理にする啓蒙思想の理念に立ち返って、この動きと潮流を「自省」してみることは極めて重要だし、喫緊の課題なのである。

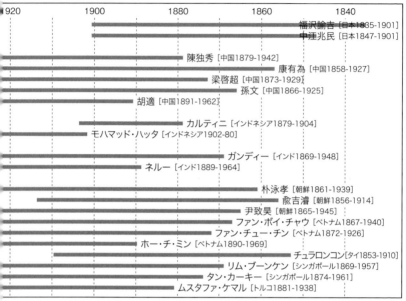

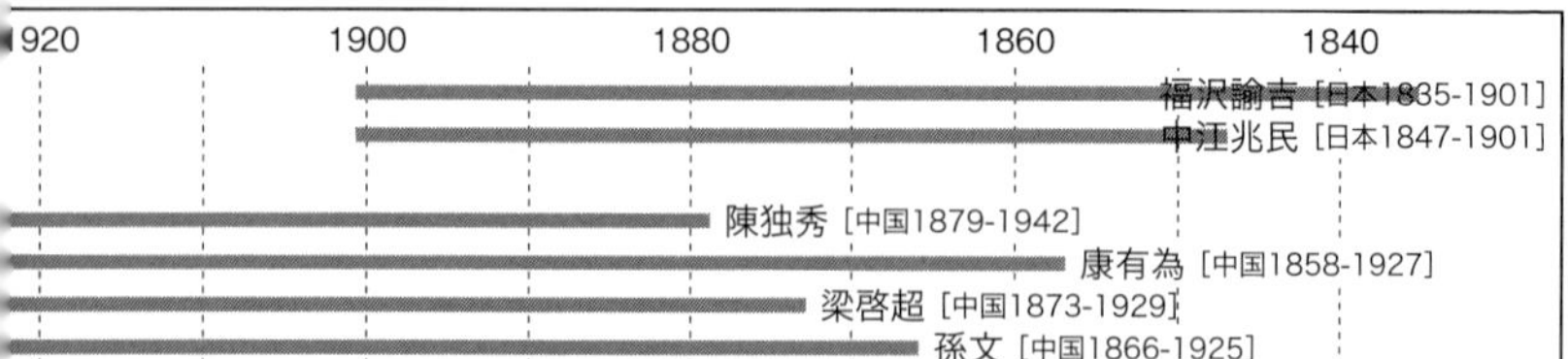

西欧で啓蒙思想が誕生して一世を風靡したのは一八世紀のことであり、アジアで啓蒙思想家が活躍したのは、それから約一〇〇年後の二〇世紀初め前後のことだった。しかし、啓蒙思想の華やかだった時期が一八世紀や二〇世紀初めのことだとはいえ、いま述べた理由で、本書はこれを現代の視点と関心から捉えることを試みたものである。すなわち、西欧諸国の植民地支配がアジアを覆ったなかで、独立するために、あるいは、独立を護るために民族運動に関わった人びとのうち、啓蒙思想に依拠して言説活動を行った思想家に焦点をあてて、彼らが、近代西欧文明をどのように理解したのか、それに照らしてみると自国の伝統社会の慣行や伝統思想の何が問題だと考えたのか、そして、西欧の原理を基に、自国をどう変革して自立的で自由な社会を創ろうとしたのかなど、その思想営為を検

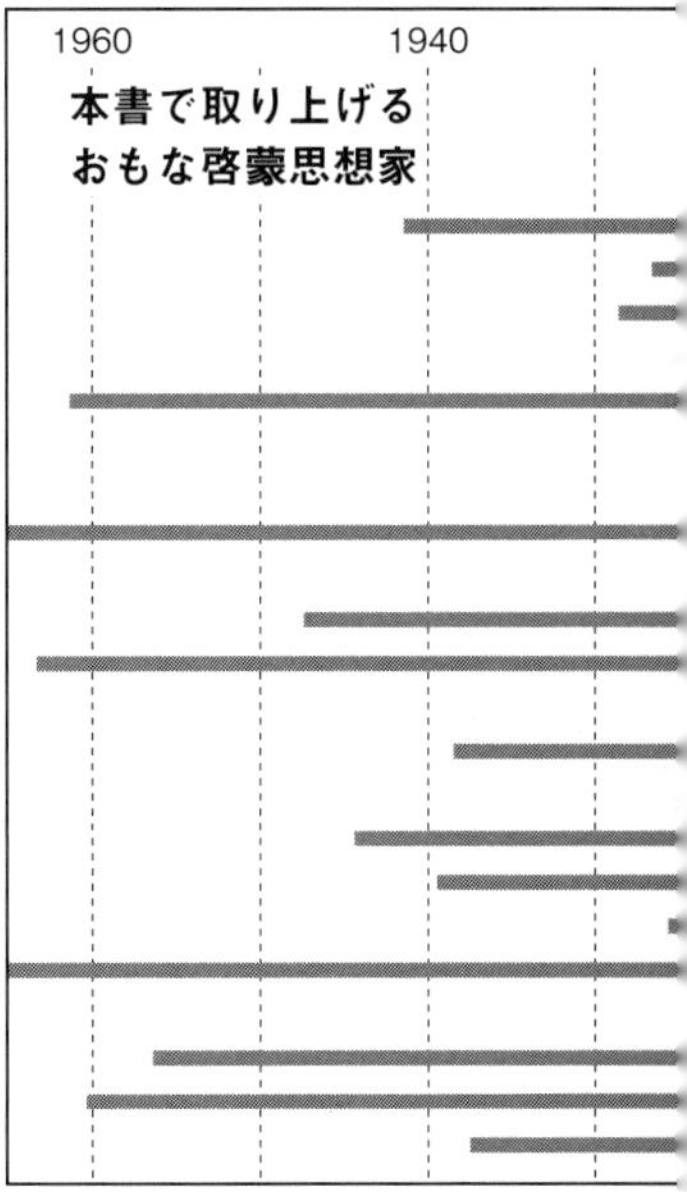

討することが目的なのである。

啓蒙思想家、民族主義者たちの苦闘

　取り上げるのは、主に、日本の福沢諭吉《ふくざわゆきち》、中国の陳独秀《ちんどくしゅう》、インドネシアのカルティニ、インドのネルー、それに、副次的に、中国の孫文《そんぶん》と胡適《こてき》、インドネシアのハッタ、インドのガンディー、朝鮮（韓国）、ベトナムなどの啓蒙思想家や民族主義者である。ただ、これらの人びとは、その生涯の活動において、専ら啓蒙思想に依拠したのではなく、時代潮流の変化や個人的体験などにより、依拠する思想が変化した者が少なくない。例えば、福沢は啓蒙思想活動から、国家主義を唱える立場に転じたし、陳独秀は、当初は啓蒙思想を掲げて言論活動を行ったが、後に、共産主義に依拠する革命家に転じた。その理由は、彼らが自国を変革するものとして、啓蒙思想よりももっと適切な思想があると考えを変えたことにある。しかし、本書は、彼らの生涯にわたる思想活動ではなく、啓蒙思想に依拠した時期の言説を検討することが目的なので、これは大きな問題ではない。

　構成は、序章で、西欧で誕生した啓蒙思想などを簡単にみて、植民地化にともなって近代西欧文明がアジアに持ち込まれた経緯と特徴をみる。それに、アジア諸国の近代化と啓蒙思想家の「モデル」となった福沢諭吉をみておく。福沢は、日本の植民地化が迫ったなかで、近代西欧文明を基にして独立を護ることを唱えた日本を代表する啓蒙思想家というだけでなく、朝鮮や中国など東アジアの知識

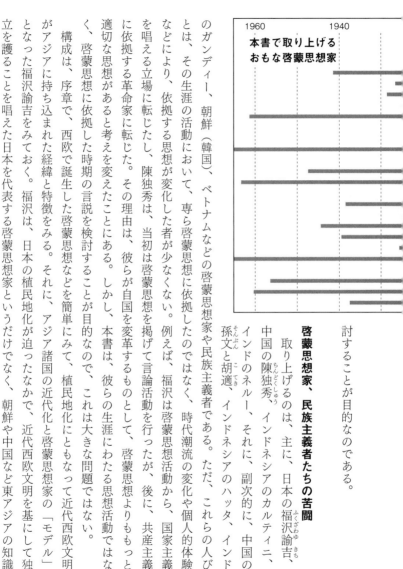

人にも強いインパクトを与えたからである。

　第一章は、陳独秀が啓蒙思想によって中国の伝統をどう批判し、中国をどのように変革しようとしたのか、その言説の特徴を検討するが、陳独秀と比較するために、革命家の孫文とアメリカに留学した胡適の言説も簡単にみる。第二章は、カルティニの啓蒙思想に基づいた自己意識の確立と、インドネシアの伝統社会の批判と民族意識の形成がどのようなものかをみるが、ここでも比較のために、オランダに留学したハッタの言説をみる。第三章は、ネルーが啓蒙思想に依拠して、イギリスの植民地支配をどう批判し、インドの伝統社会をどのように変革しようとしたのか検討し、ここでも比較のために、近代西欧文明を否定したガンディーの言説をみる。そのさい、各章ともに共通して、最初に、植民地化の経緯、植民地国家が導入した西欧の制度や政策の概要と特徴、独立運動の大きな流れをみておく。第四章は、アジアの啓蒙思想家の多様な姿をみるために、朝鮮（韓国）、ベトナム、タイ、シンガポール、それに中東のトルコの近代化改革と民族主義がどのようなものだったのか、代表的な啓蒙思想家などの活動と言説に焦点をあてて検討する。終章は、啓蒙思想と近代アジアを巡る問題、それに西欧の制度が現代アジアに持つ意味と意義などを考えてみる。

　それでは、現在のアジアの政治潮流を近現代史の文脈の中で捉えるために、二〇世紀前後のアジアの植民地時代に、啓蒙思想に基づいて、独立運動を進めた、あるいは、独立を護るために自国の伝統社会を変革することに苦闘した、近代アジアの啓蒙思想家の営為と苦闘をみることにしよう。

目次

序　章

啓蒙思想の誕生と明治日本

岩倉使節団の面々。左から木戸孝允、山口尚芳、岩倉具視、伊藤博文、大久保利通

1　アジアを「文明化」する思想

啓蒙思想の誕生

啓蒙思想は、近代に西欧で誕生した主要な思潮のひとつで、人間の理性を重視して、合理主義精神と科学的意識をもとに、これまでの社会の因習や考え方を批判的にみること、人間は社会の主人公であり、世界のあり方を理解できる、新しい社会の秩序や価値観を創り出すことができる、という考え方である。そこでは、人間が創り出した文明は無限に進歩すると考えられて、理性と批判精神がキーワードとされた。時期的には、一七世紀にイギリスではじまり、一八世紀にフランスで高まったが、ドイツなど多くの西欧諸国に広まった。

主な啓蒙思想家は次のような人びとである。社会契約説を唱えたイギリス人のホッブズとロック、それにフランス人のルソー、フランス人で百科全書派の文学者のディドロと数学者のダランベール、スコットランド人の経済学者のスミス、ドイツ人の哲学者のカントなどがそうである。このうち注目されるのは百科全書派である。百科全書派と呼ばれたのは、彼らが啓蒙思想に基づいて科学・芸術・技術などのあらゆる「知」を集大成した、二八巻からなる百科事典を刊行したからで、その意図は、誰もが「知」を共有できるようにすることにあり、これはまさに啓蒙を実践したものだったのである。

また、この時期には、これまでヨーロッパの人びとを支配していた、キリスト教が人間社会の秩序を創り、神が国家の支配者に統治する権利を与えたとする考えが否定されて、宗教と政治を峻別する「政教分離」が支配的になった。しかし、啓蒙思想家をはじめとして、西欧人の意識を内面で支えたのがキリスト教の精神だったのである。

社会契約説と民主主義

啓蒙思想と密接に関連するのが、国家の成立メカニズムを考察した社会契約説であり、その要点は次のようなものである。まず、政治思想家の頭の中で、人間を社会から切り離して、一人一人が孤立した状態を措定し、これを自然状態と呼ぶ。しかし、これはまったく秩序がない状態であり、各自が自分の生存を目的に相互に殺しあう闘争状態に陥ることを避けられない。そのため、合理主義精神に基づいて個人を単位に国家を創る約束（契約）を行い、支配者に秩序を維持する権限を与えた、と考えるものである。もちろん、実際に契約書が交わされたわけではないが、そのように考えることで、人民と支配者の関係を人民の側から捉えたのである。そこでは、国家は自由で平等な個人によって創られたものと考えられ、これが人民主権である。また、これは近代民主主義でもあり、個人の自由や人権と不可分な関係にあると考えられたので、自由主義型民主主義（リベラル・デモクラシー）とも呼ばれる。

福沢をはじめ、アジアの啓蒙思想家は、この社会契約説に依拠して、自国の王制や旧態依然たる国家体制を批判していくのである。

共産主義

アジアの独立と近代化を進めた思想は啓蒙思想だけではなかった。産業革命によって資本主義が深化すると、労働者を護り救済する運動、すなわち、社会主義と共産主義が誕生した。これが、啓蒙思想とならんでアジアの独立運動を支える思想の一つになった。社会主義は、資本主義が生んだ苛酷な生存競争と経済格差を、平等や友愛の原理をもとに批判し、資本主義を支える私有財産制度は不公正を助長すると考えて、その制限と労働者を中心にする平等で公正な社会の実現を目指す考えである。そして共産主義は、一般的には、私有財産と市場経済を全面的に否定して、生産手段の共有、生産物の平等な分配、国家と権力が消滅して、各人の自由な協同が国家に代わるという考えである。

一九一七年に後発資本主義国のロシアで、ロシア革命が成功して、王制が廃止され、共産党が主導した労働者と農民を軸にする世界最初の社会主義国のソ連が誕生すると、アジアの独立運動家に強烈なインパクトを与えた。その理由は、ソ連が資本主義を否定して社会主義を掲げたこと、何よりも、当時、西欧諸国が国策にしていた帝国主義と植民地主義を否定したことにあった。

啓蒙思想、民主主義、共産主義など西欧で誕生したこれらの思想はアジアに伝播したが、それは次のような経緯によるものだった。

西欧諸国の植民地化と「文明化政策」

西欧諸国のアジアの植民地化は一七世紀にはじまり、一九世紀後半になると東アジアを除く、ほぼ全ての国に及んだ。植民地化すると、経済収奪を極大化するために、どの国も植民地国家を創り、本国人官僚とアジア人官僚による統治支配を行ったが、そのさい、一部のアジア人に西欧型教育を施したので、ここから近代西欧文明が流入したのである。西欧型教育を施した目的は、彼らを植民地国家の統治行政における補助集団として育成・確保することにあり、インドを植民地にしたイギリス人官僚の次の言葉がこれを語っている。

　さしあたりわれわれが全力を持《ママ》って取り組まねばならないのは、われわれとわれわれが統治する何百万もの人々との間を媒介しうる階級を創出することである。その階級の人々は、血筋や肌の色ではインド人であるが、趣味、意見、道徳、知性においてはイギリス人なのである。（『世界史史料　第六巻』一一八頁）

　ここから近代西欧文明の影響を強く受けたインドの知識人の一群が誕生したものであり、これは、インドネシアを支配したオランダ、インドシナを支配したフランスなど、他の西欧諸国も同じだったのである。ただ、異民族である西欧人の支配に対する住民の反発を和らげる目的で、形式的に王朝国家を存続させて伝統的支配者の地位をそのままにしたが、実際には、その権限を弱体化、あるいは無力化して、「管理下」に置いたことは、言うまでもないことである。

　近代西欧文明の導入の仕方は、厳密に言えば、国によって違うが、大きくみると二つの方策を通じて行われたものだった。一つは、「近代化政策」である。この下で、全ての植民地で鉄道や港や道路など社会インフラストラクチャーの整備、すなわち物質文明の導入、それに官僚制や法制度などが導入された。もう一つは、一部の西欧人の植民地官僚や知識人が唱えた、「文明化政策」である。これは、遅れたアジアに近代西欧文明を伝えて文明化するという考えであり、この下で西欧型教育、思想や文化などが広められた。

近代西欧文明を受け入れたアジア人の登場

西欧諸国の文明化政策がどのようなものであり、それがアジアの知識人に与えた意味は各章でみるので、ここでは、一般的な姿をみておくことにする。

イギリスの手で西欧型教育と近代西欧文明が持ち込まれると、インドの一部の知識人は「西欧化」したが、独立運動指導者のネルーはそれを次のようにみた。

英語教育は、インド人の視野をひろめ、イギリスの文学や諸制度に対する讃美、インド人の慣習や風俗の或る諸点に対する反撥、それから政治的改革に対する要求の増大などを生んだ。新しい専門的な職業についた階層は、主に政府に代表者を送りこむことをめざしていた政治運動に指導的な立場にたった。こうした職業や官職についていた英語教育をうけた連中は、事実上新しい一階級を形成し、それが次第にインド全般において大きくなってゆく形勢にあった。それは西洋風の思想ややり方に感化されて、一般の大衆からはむしろ遊離していた階級である。(辻直四郎他訳『インドの発見(下)』、四四一〜四四二頁。旧字体表記を新字体表記に改めた)

ネルーが語っているのは、西欧型教育を受けた社会集団が登場すると、一部の人びとは住民と一体になって独立運動を進めたが、大半はインド人民衆から遊離した存在だったということである。

「西洋かぶれ」から啓蒙思想家へ

近代西欧文明が流入すると、それに衝撃と感銘を受けたアジアの知識人の一群が登場し、彼らは、自国の伝統的な民族文化のなかで育ちながらも、近代西欧文明のほうが優れていると受け止めて、自分もその一員になることを切望した。しかし、興味深いのは、その後、彼らは二つのグループに分かれたことだった。

一つは、専ら近代西欧文明に傾倒するにとどまり、自分がその一員になったことで満足して、民族運動に背を向けた人びとである。本書は、彼らを、アジア人としての民族意識を持つことが無く、近代西欧文明の表層的影響を受けただけの人という意味で、「西洋かぶれ」と呼ぶことにする。インドでは、西欧型教育が知識人に浸透すると、数多くの西洋かぶれが登場した。インドを代表する詩人で英語教育を受けたタゴールは、後にインド文明と民族意識にこだわった文学活動により世界的な名声を得て、植民地時代の一九一三年にアジア人で最初にノーベル文学賞を受賞したが、当初は西洋かぶれだったと告白している。というのは、ネルーが著書のなかで、タゴールが少年時代にイギリス流の学問で育てられたこと、近代西欧文明を受け入れて満足していたことを紹介している。独立運動の不屈の指導者となるガンディーも、当初は西洋かぶれの一人だった。ここで確認しておくべきは、このような単なる「西洋かぶれ」の人びとからは、植民地支配に反発する民族意識が生まれることはなく、彼らは近代西欧文明に親しんだとはいえ、啓蒙思想家とは別のタイプの人間だということである。

もう一つは、近代西欧文明に強い感銘を受けたので、この限りでは、西洋かぶれの一員だったが、しかし、苛酷な植民地支配を経験する過程のなかから、アジア人としての民族意識に覚醒して、自国の自立のために、西欧社会に比して遅れた自国の伝統社会を変革する方策として、近代西欧文明に依拠する言説活動を行った人びとである。本書は、彼らを「啓蒙思想家」と呼ぶことにする。

二つのグループを分けた要素は、さまざまにあった中で、最も重要なのは、アジア人を虫けらのように扱う植民地支配の実体験とそれに対する憤り、そこから生まれた民族意識と結びついた反植民地意識を持ったかどうかにあった。ガンディーの場合は、南アフリカに長期間滞在した際に、イギリス人支配者によるインド人出稼ぎ労働者の人権を無視する抑圧に遭遇したこと、タゴールの場合は、イギリスがインドの独立運動を抑圧するために、タゴールの生地のベンガル州をヒンドゥー教徒の地域とムスリムの地域に分割したことだった。

本書が着目するのは、当初は西洋かぶれと同類だったものの、その後、民族意識に基づきながら近代西欧文明を見つめて、独立のために、あるいは独立を護るために、まずはあえて西洋の文明水準に追いつこうと啓蒙思想活動を行った人びとである。彼らは、植民地になったインドやインドネシアやベトナムだけでなく、西欧諸国の植民地にならなかった日本や中国、それに朝鮮やタイなどにも登場したのである。

理性と非合理的な熱情

改めて、啓蒙思想とは何かを確認しておくと、ドイツの哲学者で啓蒙思想家でもあったイマニュエル・カントは次のように定義している。

> 啓蒙とは、人間が自分の未成年状態から抜けでることである。未成年とは、他人の指導がなければ、自分自身の悟性を使用し得ない状態である。……この状態にある原因は、悟性が欠けているためではなくて、むしろ他人の指導がなくても自分自身の悟性を敢えて使用しようとする決意と勇気とを欠くところにあるからである。それだから「敢えて賢こかれ！」、「自分自身の悟性を使用する勇気をもて！」——これがすなわち啓蒙の標語である。……このような啓蒙を成就するに必要なものは、実に自由にほかならない……すなわち自分の理性をあらゆる点で公的に使用する自由である。（篠田英雄訳『啓蒙とは何か』七、一〇頁）

啓蒙思想のキーワードは、あえて言えば、理性と合理主義精神の二つになる。これによってのみ、非合理的な伝統的因習を否定して、人間の理性に基づいて社会や制度を考えることが可能になるからである。ただ、非合理的なものを一切否定するというと、人間として自然な生々しい感情や感性も否定されて、なにか啓蒙思想が人間の情感を無視する冷たい非人間的意識であると思うかもしれないが、必ずしもそうではない。近代西欧思想の研究者でもある丸山真男は、啓蒙思想を支える理性について、「理性的、合法則的なものをどこまでも追及《ママ》して行く根源の精神的エネルギーはかえってむしろ非合理的なものである」、と述べている。これに従えば、啓蒙思想家の外に表出した理性や合理主義精神を支えているのが、内にある非合理的な熱情なのである。換言すれば、啓蒙思想家は、人間的な熱情をエネルギー源にして、対象を認識や判断するさいに理性と合理主義精神を働かせるものなのである。

啓蒙思想は、一八世紀後半に西欧諸国で爛熟期を迎えて革命的な力を持ったが、しかし、資本主義が深化して社会が複雑化し、人間の意識も多様になった一九世紀になると、反発や批判が起こった。啓蒙思想が掲げた合理主義や実証主義や科学万能主義が批判されて、人間の内面や感性が重視されたことは、その一例である。この批判はアジアでも起こることになる。

西欧におけるこのような思想潮流を背景にして、近代アジアの啓蒙思想家は植民地支配から独立するために、あるいは独立を護るために、カントが説いたように、自分の心を鼓舞して、自国の伝統思想や因習に対する変革の戦いを果敢に行ったのである。彼らにとり、啓蒙思想は自国の因習を変革するための「武器」だったのである。変革する目的は、それによって国の自立や独立を達成することであり、そして、ひとたび自立を達成した後の目標が、これは、すべての啓蒙思想家に当てはまるわけでないが、自由で平等な社会を創ること、それを政治体制に翻訳した民主主義社会だったのである。

これから、アジア諸国の啓蒙思想家の言説と活動をみていくが、筆者の問題関心は、大きく次の三点にある。第一は、彼らは啓蒙思想に強い感銘を受けたが、近代西欧文明の何が優れていると考えたかである。第二は、啓蒙思想に照らしてみた場合、自国の政治体制や伝統思想や社会慣行の何が問題とみたかである。第三は、独立を護るために（日本、中国、朝鮮、タイなど）、あるいは、独立のために（インドネシア、インド、ベトナムなど）、啓蒙思想を使って、自国の伝統的因習をどのように変革しようとしたかである。

2　福沢諭吉――アジア啓蒙思想の先駆者

徳川体制を支えた身分制度と儒教

ここでは、徳川幕府の開国と明治政府の近代化政策、それに、アジアの啓蒙思想家の「モデル」ともなった福沢諭吉の啓蒙思想言説をみることにする。

福沢が青年時代を送ったのは徳川時代（一六〇三～一八六七年）であり、徳川体制を支えていたのが士農工商の身分制度と儒教思想の二つだった。

身分制度は、政治と軍事を独占する支配者集団の「士」を頂点に、農業や林業や漁業に従事する「農」、手工業者の職人や専門労働者の「工」、商業を営む町人の「商」の四つからなった。商人が最下層に置かれたのは、商業活動を低くみる儒教思想を反映したものだったからである。身分制度が厳格に護られたので、ある身分から別の身分に移動することは、例外があったとはいえ、大半の人びとには不可能だった。

儒教（儒学）は、中国で紀元前五世紀の孔子に始まるもので、それから約一〇〇〇年後の六世紀に日本に伝来し、中国の南宋時代に発展した朱子学が徳川体制を支える儒教思想として採用された。その要点は、父子の親、君臣の義、夫婦の別、長幼の序、朋友の信という五つの社会関係における道徳

（五倫）、それに、仁・義・礼・智・信の五常を基本にすることにある。このうちでは、親に対する子の孝が重視されたが、これによって家族道徳が国家道徳に結合されたからである。
福沢にとってこの二つが、日本を変革するための主要な対象だった。

徳川幕府の開国

アジアの植民地化が進んだなかで、日本が独立を維持できた外部要因の一つは、西欧諸国が日本に到達する前に通過しなければならない清《しん》が軍事的に強大だったことだった。いわば、清が「防波堤」の役割を果たしていたのである。そのため、清とイギリスがアヘン貿易を巡って戦ったアヘン戦争（一八四〇～四二年）で清が敗れると、防波堤が崩れて、植民地化の触手が日本にも伸びたのである。徳川幕府が開国したのは、もはやこれ以上、西欧諸国の圧力を拒んで国を閉ざすことは不可能であると認識した結果だったのである。

しかし、日本国内では、独断で開国した徳川幕府に対する批判が、徳川幕藩体制の下で疎外されていた、中央政府から地理的に遠い藩の下級武士を中心に噴出した。中国地方の長州藩、九州地方の薩摩藩などである。彼らが天皇をシンボルに担いで徳川幕府の打倒運動を開始すると、一八六七年一〇月に徳川幕府は、政治権力を天皇に返還する「大政奉還」を行って自ら幕を閉じ、同年末に「王政復古の大号令」が出された。そして、翌六八年一月に開国和親が布告され、同年三月に知識を世界に求めるなどからなる「五箇条の御誓文」が発表されて、長州藩と薩摩藩の下級武士を中心に構成された明治政府が誕生したのである。この徳川幕府から明治政府への政権交代を巡る一連の政治過程が明治維新であり、朝鮮、中国、ベトナム、タイなどの近代化改革を考えた知識人に強いインパクトを与えた。

欧米諸国への視察団派遣

明治政府になると西欧に倣った近代化がはじまったが、歴史家のウィリアム・マクニールは、なぜ、日本が近代化を選択したのか、その理由を次のようにみている。

中国が西欧の圧力に抵抗できなかったのを見ていた日本人は、これを教訓として役立たせた。……だがまことに皮肉なことに、こうして天皇の名のもとに徳川幕府を転覆した人々は、いざ権

福沢諭吉
1835年　大坂で生まれる
1854年　長崎でオランダ語を学ぶ
1855年　大坂の適塾で学ぶ
1858年　江戸に蘭学塾を開く
1860年　アメリカに渡航
1861年　ヨーロッパに渡航
1863年　蘭学塾を英学塾に改める
1866年　『西洋事情』初篇刊行
1867年　再度アメリカに渡航
1868年　蘭学塾を慶応義塾と改称
1875年　『文明論之概略』刊行
1882年　日刊『時事新報』創刊
1885年　「脱亜論」発表
1901年　東京で死去。66歳

力を握ったとたん、西欧の進出を食い止める唯一の方法は、その進んだ技術と政治の秘密を学ぶことだと考えたのである。（増田義郎・佐々木昭夫訳『世界史（下）』二三九、二四〇頁）

要するに、強大な軍事力を持った西欧諸国に対抗するには、西欧諸国と同じ装置で「武装」することが最も有効であると考えたのである。かくしてはじまった近代化の目的は、経済力と軍事力において西欧諸国と対等になることであり、そのスローガンが「富国強兵」、その具体策が、近代産業を育成する「殖産興業」だった。

近代化に向けて明治政府が様々な措置を断行したなかで、注目されるのは、政府最高指導者の一群を欧米諸国の視察に派遣したことである。すなわち、明治維新からわずか三年後の一八七一〜七三年の「岩倉使節団」である。これは、右大臣の岩倉具視を団長に、参議の木戸孝允、現在の財務大臣にあたる大久保利通、経済産業大臣にあたる伊藤博文など、そうそうたるメンバー約六〇人からなり、その目的は、不平等条約改正の予備交渉と欧米諸国の視察とされたが、真の目的は後者の、明治政府の最高指導者が直接に自分の眼で欧米諸国の実情をみることにあったのである。使節団は約二年にわたり、アメリカ、フランス、オランダ、プロイセン（ドイツ）、ロシア、イギリスを訪問して、政治や経済制度や産業や工場をみて回り、視察した工場は二〇〇ヵ所以上に及んだ。

欧米留学生と高等教育

興味深いのは、岩倉使節団に約六〇人の留学生が同行したことで、フランスに留学して、帰国後、ルソーの『社会契約論』を翻訳した啓蒙思想家の中江兆民《なかえちょうみん》は、その一人だった。また、五人は六〜一五歳の女子で、最年少の津田梅子《つだうめこ》は約一〇年アメリカに滞在して帰国し、津田塾大学（当初の名称は女子英学塾）を創設した。女子留学生が加わったのは、政府が、これからは女性も社会的役割を担うことになる、外国人との交流も必要になる、と考えたことにあった。欧米諸国に留学生を派遣したのは、アジア諸国も同様である。

明治政府は留学生を派遣するかたわら、国内では近代化を担う人材を創出するために、エリートを育成する高等教育に力を入れた。一八七七年に日本で最初の西欧型教育を軸にした東京大学が創られ、後に、東京帝国大学に改組された。京都や大阪などにも帝国大学が創られたし、これは、日本が東アジアを植民地にした時のことだが、朝鮮の京城、台湾の台北にも創られた。女子教育も重視されて、官立の女学校や女子師範学校が設けられ、さらには、民間人による私学も創られて、福沢が創った慶応義塾大学（当初の名称は慶応義塾。一九一九年に大学になった）はその一つだった。インドネシアやインドなどでも植民地政府の手で西欧型教育が導入

岩倉使節団に随行した5人の女子米国留学生。右端は、山川健次郎の妹で、後に大山巖の妻になる山川捨松（12歳）。その左が津田梅子（6歳）

されたが、日本はそれを自ら行ったのである。

福沢の啓蒙思想活動は、このような政治社会状況を背景に行われたものだったのである。

福沢諭吉の生い立ち

福沢（一八三五〜一九〇一年）は、大分県中津藩の藩士、福沢百助の勤務先の大坂で、男二人、女三人の五人兄弟の末っ子として生まれた。父の仕事は経理担当で、本当は漢学を学びたかったが、徳川体制の身分制度のためにその夢は叶わなかった。後に福沢は、封建制度の門閥《もんばつ》のために父の夢が叶わなかったとして、「門閥制度は親の敵《かたき》でござる」と述べているが、封建制度とそれを支える思想への反発は若い時からのものだったのである。福沢が一歳半の時に父が病死すると一家は故郷の中津藩に戻り、十三、四歳になると塾に通って漢学を学び、素質があった福沢は漢学者の前座が務まるほどに熟達したという。後に、洋学者・啓蒙思想家となった福沢は、痛烈な儒教批判を行うが、それは、儒教とは何かを知らない者の外在的批判ではなく、ある程度精通した内在的批判だったのである。これは、陳独秀など東アジアの「儒教文化圏」の啓蒙思想家も同様である。

洋学者への転換

洋学者になった転機が、一八五四年（一九歳）に出かけた長崎でのオランダ語の勉強だった。長崎に出向いたのは、兄が西洋砲術を学ぶことを勧めたこと、福沢も故郷中津藩の旧態依然たる身分制度に不満を感じて、それから飛び出すことを考えていたからだった。長崎で砲術学などを学んだが、滞在は一年程でおわり、その後、大坂の著名な蘭学者の緒方洪庵《おがたこうあん》が主宰する適塾《てきじゅく》で、オランダ語テキストを使って科学や医学を三年学んだ。

一八五八年にさらなる転機が訪れた。中津藩が江戸（東京）に開いていた蘭学塾のオランダ語教師を命じられたからである。翌五九年に日本はアメリカなどと修好通商条約を結び、開港地の長崎、横浜、函館に西欧人が貿易商売などのために住むようになるが、福沢は開国前夜の首都に飛び込んだのである。蘭学から洋学に転換する契機になったのが、西欧人の様子を見るために横浜に出かけたさいに、オランダ語が西欧ではマイナーな言語であること、近代西欧文明を知ろうとするならば、英語が必修であることを悟ったことだった。福沢はオランダ語（蘭学）を捨てて、英語の勉強（洋学）に励んだのである。

『西洋事情』『学問のすゝめ』

洋学に関心を持った福沢は、自分の眼で欧米諸国を見聞する機会を探り、幸いにも、徳川幕府使節団の一員として三回旅行できた。第一回が一八六〇年のアメリカ旅行、第二回が翌六一年一二月～六二年一二月のフランス、イギリス、オランダ、ドイツ、ロシア、ポルトガルの西欧旅行、第三回が、六七年一月～六月のアメリカ旅行である。洋学の学習と欧米視察旅行から啓蒙思想家福沢が誕生したのである。

最初の啓蒙書が『西洋事情』（一八六六～六九年）で、その目的は、書名が語るように、西欧諸国の事情を知らせて、日本人を文明開化に向けて教化することにあった。代表作が『学問のすゝめ』（一

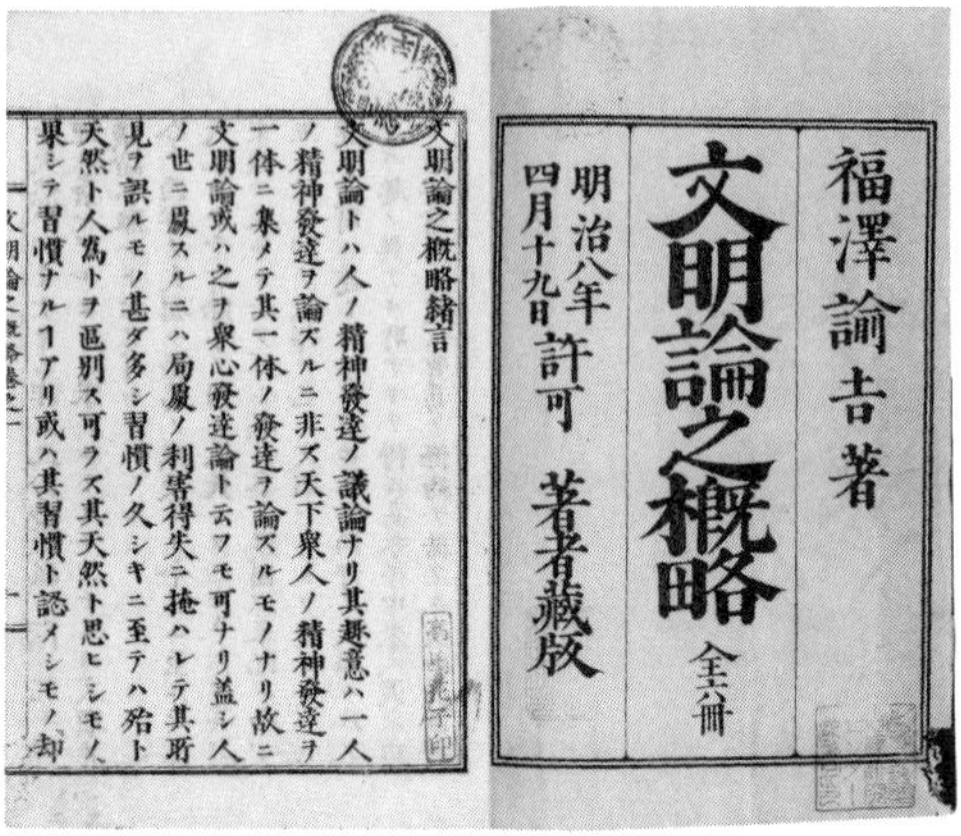

『文明論之概略』　慶応義塾福澤研究センター蔵

八七二～七六年）と『文明論之概略』（七五年）の二つである。『学問のすゝめ』のキーワードは、自分のことを自分で決める、そのために自立する「一身の独立」に、そして、『文明論之概略』のキーワードは、日本の独立を護る「一国の独立」にあった。福沢にとり「一国の独立」、すなわち、日本の独立維持が最大の関心事であり、ここから、日本人一人一人が独立（自立）する必要があると説いたのである。とりわけ、『文明論之概略』を書いた目的は、近代西欧文明に照らして日本の問題を明らかにして、文明化を進めることにあり、そのさい参考にしたのが、フランス人の政治家で歴史家のフランソワ・ギゾーが書いた『ヨーロッパ文明史』、それに、イギリス人の歴史家のヘンリー・バックルが書いた『イギリス文明史』の二冊だった。ともに、世界の他の地域との比較で近代西欧文明を論じた本である。

福沢が抱いた日本への危機感

福沢の啓蒙思想活動の出発点は、徳川幕府の開国にあった。日本を取り巻く極めて困難な危機状況を感じ取ったからである。日本は開国によって、地理的に隔たっているだけでなく、日本も一員のアジアとはまったく違う文明や価値観を持った西欧諸国と接することになり、その強大な圧力に直面したが、これは植民地化の危機だとみたのである。福沢はこの危機に対応するキーワードは「文明」にあると考え、文明とは人の安楽と品位との進歩であり、それは、人の智徳である、と説いた。それでは、智徳とは何だというのか。

> 徳とは徳義ということにて、西洋の語にてモラルという。モラルとは心の行儀ということなり。……智とは智恵ということにて、西洋の語にてインテレクトという。事物を考え、事物を解し、事物を合点《がてん》する働《はたらき》なり。（『文明論之概略』一一九頁）

要するに、文明＝智徳（モラルとインテレクト）と理解して、ここから近代西欧文明を手本に、日本人の意識変革を目的にした啓蒙思想活動がはじまったのである。

近代西欧文明の源泉――科学

福沢は文明を基準にすると、現在、世界の国々は次のような状態にあるとみた。ヨーロッパやアメリカなど「文明の国」、日本、中国、トルコなど「半開の国」、それにアフリカなど「野蛮の国」の三種類がそうであり、日本は半開の国に属している、人類の進歩は野蛮―半開―文明と進むので、日本は文明に進まなければならないと説いたのである。このような世界の見方は、「進歩＝比較的文明論」と呼ばれた。そのさい、世界の現状は国の間に優劣があるものならば、なぜ、西欧で日本よりも優れた文明が発展したのか問題になるが、福沢は科学がその源泉だとみた。科学が近代西欧文明を創り上げたという認識は、洋学の知識を通じて得ただけのものではなく、蘭学修業時代に科学と化学を学んだことで得られたものでもあったのである。合理主義精神と科学は自然に勝る、これが文明の源泉だと断言する福沢は、紛れもなく啓蒙思想の「申し子」なのである。

この立場から、西欧諸国に比べて日本などアジアが遅れているのは、科学と国民の自立意識が欠けていることに原因があるとみた。ここから、日本人がこの二つを持つことを「阻害」している最大の要因と考えた儒教批判へと向かったのである。

痛烈な儒教批判

福沢は儒教を痛烈に批判したが、その理由を次のように述べた。

かくまでに私が漢学を敵にしたのは、今の開国の時節に、ふるく腐れた漢説が後進少年生の脳中にわだかまっては、とても西洋の文明は国に入ることが出来ないとあくまでも信じて疑わず、いかにもして彼らを救い出してわが信ずるところに導かんと、あらん限りの力を尽し、私の真面目《しんめん もく》を申せば、日本国中の漢学者はみな来い、おれが一人で相手になろうというような決心であった。(『福翁自伝』二二五〜二二六頁)

何としてでも、日本を文明化するんだという福沢の意気込みがひしひしと伝わってくるが、この背景には、西欧に倣った近代化を進めるには、多くの日本人の意識の中にある、西欧人は野蛮な夷狄であるという考え方を一掃すること、したがって、この見方の「本家本元」である中華思想と儒教意識を一掃する必要があると考えたことがあったのではないかと思われる。

儒教の核心は君臣関係の重要性を説くことにあるが、福沢は、君臣関係は人間にとって決して自然なもの天性のものではなく、後に作られた人為的なものでしかないとして、「古を信じ古を慕うて、毫も自己の工夫を交えず、いわゆる精神の奴隷（メンタルスレーヴ）とて、己が精神をば挙てこれを古の道に捧げ、今の世にいて古人の支配を受け、その支配をまた伝えて今の世の中を支配し、あまねく人間の交際に停滞不流の元素を吸入せしめたるものは、これを儒学の罪というべきなり」と、儒教を断罪したのである。

このように、停滞の最大の原因を、ただただ古を貴ぶことを説く教えにあるとして自国の教学を批判するのは、ヒンドゥー教とイスラームの因習的な教えを批判したインドのネルーなど、アジアに共通してみられる主張なのである。

国家の役割と人民主権

福沢は儒教批判とセットで国家と国民のあるべき姿について、「政府といい人民というといえども、ただその名目を異にし職業を分つのみにて、その地位に上下の別あるを許さず。政府よく人民を保護し、小弱を扶助して強暴を制するは、即ちその当務の職掌にて、これを過分の功労と称するに足らず、ただ分業の趣意に戻らざるのみ」と説いた。

この、政府は国民が創ったものであり、その任務は国民に安寧秩序を提供することにあるという見方が社会契約説の考え方である。そして、これに依拠して、支配者の権力は制限されなければならない、どんな政府でも国民は倒すことができる、と説いたが、これが人民主権の考え方である。

なぜ、近代西欧文明に学ぶ必要があるのか

福沢は、近代西欧文明に依拠して日本人の意識を変革しようとしたが、なぜ近代西欧文明が重要なのか、その理由を次のように説明した。

日本の文明は西洋の文明よりも後《おく》れたるものといわざるを得ず。……昔、鎖国の時にありては、我人民は固《もと》より西洋諸国なるものをも知らざりしことなれども、今に至《いた》ては既にその国あるを知り、またその文明の有様を知り、その有様を我に比較して前後の別あるを知り、我文明の以て彼に及ばざるを知り、文明の後るる者は先だつ者に制せらるるの理をも知るときは、その人民の心に先ず感ずる所のものは、自国の独立如何《いかん》の一事にあらざるを得ず。(『文明論之概略』二六三頁)

要するに、福沢がかくまでも近代西欧文明に拘《こだわ》ったのは、それにより日本の独立を護るためだったのである。なぜ、独立を護ることが大切なのか、その理由を説明するために、現在、世界を支配しているのは西欧諸国が掲げる商売と戦争という剝き出しの二つの原理であるとしたうえで、その「犠牲

国」としてアヘン戦争に敗れた清を挙げた。福沢は、これまで日本は中国を政治と文明のモデルにしてきたが、いまや西欧が世界の文明の頂点に立つものとなり、伝統思想や因習に固執する清は、それから取り残されてしまった、この結果、植民地化の危機に陥った、と指摘して、独立を護ることの大切さを説いたのである。

究極の目標は独立を護ること

重要なのは、福沢が清の悲惨な状況から日本が採るべき教訓を引き出したことだった。

　この時に当《あたり》て日本人の義務は、ただこの国体を保つの一箇条のみ。国体を保つとは、自国の政権を失わざることなり。政権を失わざらんとするには、人民の智力を進めざるべからず。その条目は甚《はなは》だ多しといえども、智力発生の道に於て第一着の急須《きゅうす》は、古習《こしゅう》の惑溺《わくでき》を一掃して西洋に行わるる文明の精神を取るにあり。（『文明論之概略』四八頁）

　今の日本国人を文明に進《すす》むるは、この国の独立を保たんがためのみ。故に、国の独立は目的なり、国民の文明はこの目的に達するの術なり。（『同』二九七頁）

福沢は、現在の世界状況の下では、日本の独立を護るという至高の目的を達成するには、近代西欧文明を採用することが最善の方策だとみたのである。換言すれば、啓蒙思想家としての言説は日本の独立を護るためのものだったのである。ここに、啓蒙思想家の顔と並ぶ、もう一つの強烈な民族主義者の顔があり、福沢の意識のなかでは、二つのうち民族主義が、すなわち、それによって日本の独立を護ることが上位の価値だったのである。

国家主義者への転換

このことは、日本が近代化を遂げて植民地化される危機を脱すると、福沢を後期の活動における、中国（清）と朝鮮を見下す立場へと転じさせることになった。それを示す言説を二つ挙げてみよう。

一つは、明治維新から二〇年も経たない一八八五年に、自分が主宰する『時事新報』に発表した有名な「脱亜論」である。

> 我日本の国土は亜細亜の東辺に在りと雖ども、其国民の精神は既に亜細亜の固陋《ころう》を脱して西洋の文明に移りたり。然《しか》るに爰《ここ》に不幸なるは近隣に国あり、一を支那と云ひ、一を朝鮮と云ふ。……我国は隣国の開明を待て共に亜細亜を興すの猶予ある可らず、寧ろ其伍を脱して西洋の文明国と進退を共にし、其支那朝鮮に接するの法も隣国なるが故にとて特別の会釈に及ばず、正に西洋人が之に接するの風に従て処分す可きのみ。悪友を親しむ者は共に悪名を免かる可らず。我れは心に於て亜細亜東方の悪友を謝絶するものなり。（『日本史史料　第四巻』一八六、一八七頁）

これまで日本は朝鮮と共に「儒教文化圏」の一員だったが、いまや中国や朝鮮に何の遠慮することなく、隣国の付き合いを止めて、西欧の仲間入りをすべきだと主張したのである。とはいえ、福沢は当初は朝鮮の近代化改革に期待して支援を行っている。

もう一つは、朝鮮の支配を巡って戦った日清戦争（一八九四〜九五年）を、「文明」（日本）対「野蛮」（清）の戦いであるとして、日本の勝利に歓喜したことである。これは、福沢の意識のなかで、一八九〇年代の日本は、「半開の国」を抜け出して「文明の国」になっていたことを語っている。

アジア諸国の先行例として

福沢はその生涯において多彩な言論活動を行ったが、晩年に自分の人生を振り返って次のように述懐した。

生来教育された漢学流の教えをもうっちゃって西洋学の門に入り、以前に変った書を読み、以前に変った人に交わり、自由自在に運動して、二度も三度も外国に往来すれば考えはだんだん広くなって、旧藩はさておき日本が狭く見えるようになって来たのは、何と賑やかな事で大きな変化ではあるまいか。……この勢いに乗じて更に大いに西洋文明の空気を吹き込み、全国の人心を根底から転覆して、絶遠の東洋に一新文明国を開き、東に日本、西に英国と、相対して後《おく》れを取らぬようになられまいものでもないと、……種々様々の事を書き散らしたのが西洋事情以後の著訳です。（『福翁自伝』三四四、三四五頁）

確かに福沢は、何ものにも縛られない「自由な」思想家であり、儒教思想が支配する徳川時代、近代西欧文明が流入した明治時代という、体制を支える思想の価値観がまったく違う二つの時代を、身をもって体験した思想家だった。いみじくも本人が述懐したように、「あたかも一身にして二生を経るが如く、一人にして両身あるが如し」、だったのである。ただ、これは、アジア諸国の啓蒙思想家も同じだった。このような福沢が、植民地化の危機に直面した近代日本に登場した意義がどのようなものだったのかについて、二人の福沢研究者の見方が参考になる。

日本政治思想史と近代政治思想の研究者の丸山真男は、ほぼ同時代に登場して近代西欧文明に関心を示した福沢、啓蒙思想家で宗教家の内村鑑三《うちむらかんぞう》、美術家の岡倉天心《おかくらてんしん》の三人の思想家としての特徴を次のようにみている。

三人はいずれも国際的教養を身につけた知識人として東と西の世界のたんなる啓蒙的媒介人となることに甘んぜず、日本にたいする自己の使命と、世界にたいする日本の使命とを不可分に結びつけ、そうした「天職」の強烈な意識で生涯を貫いた思想家であった。「開国」が必然的にもたらすものに対する深刻な危機感と、日本ならびにアジアの独立と保全へのパセティックな渇望が、ひとしく彼等の思想的発言の主導動機をなしている。(『丸山眞男集　第七巻』三四九頁)

日本近代史研究者のアメリカ人のアルバート・クレイグは、ヨーロッパの啓蒙思想との関連で福沢の意義を次のようにみている。

西洋との接触が新しく始まった時代に、福澤は複雑な西洋思想を、そのころの日本人の誰よりも広範に手際よく処理し、そこに西洋の思想家たち自身さえ気づいていなかった重要性を見出した。彼は「歴史的段階」に関する西洋思想を利用して、日本の将来の進路を規範的に描き出すと同時に、日本の過去と現在を記述的に分析した。そうすることで、彼は西洋の思想家たちが探求しなかった方向へ向けて、他の非西洋の思想家の誰よりも厳密に、手際よく、啓蒙思想を論理的に拡大した。（足立康・梅津順一訳『文明と啓蒙』：i頁）

二人の福沢評は、福沢がアジアや世界のなかでみても稀有な啓蒙思想家だったことを語っている。注目されるのは、日本の独立を護るために奮闘した福沢の啓蒙思想活動は、少しも本人が意図したものではないが、そのまま、アジア諸国の啓蒙思想家の先行例として「モデル」になったことである。すなわち、独立を護るために、自国の伝統思想と制度を批判したこと、西欧の制度と精神で自国を作り変えようとしたこと、そのために、官職に就くことを拒んで自由人の立場から、啓蒙思想書の執筆、大学を創設しての教育、新聞を創刊しての評論など、国民に向けたエネルギッシュな言論活動をしたこと、などがそうである。

第一章

ヨーロッパは革命の賜物だ

中国　陳独秀と胡適

1919年5月4日、北京の天安門前に人々が集まった。
陳独秀らが指導した「五・四運動」である

陳独秀《ちんどくしゅう》は、二〇世紀前半に登場して、中国の独立を護るために、近代西欧文明に依拠して中国人の意識を変革することを試みた啓蒙思想家である。陳独秀が生まれたのは福沢から約半世紀も後のことだが、彼が活動した時の中国の政治社会状況は、福沢が活動した時の日本とほぼ同じような状態にあった。というのは、それまで強大さを誇っていた清が、対外関係では、西欧諸国などとの相次ぐ戦争に敗北し、国内では、反政府集団の反乱を抑えきれずに支配体制が動揺していたからである。一九一一年の辛亥革命を契機に清が崩壊して共和制の中華民国になったが、国内各地に軍閥が割拠する分裂状態に陥り、新生中国も纏まりに欠けて、植民地化の危機に晒されていたのである。

このようななかで、陳独秀の啓蒙思想活動がはじまったものだが、ただ、陳独秀は福沢のように欧米諸国に旅行をした経験を持たず、亡命や留学で滞在した日本が唯一の外国だった。すなわち、日本で日本語や英語やフランス語を学び、これを通じて近代西欧文明を習得したもの、換言すれば、日本経由で啓蒙思想を学んだのである。また、福沢と同様に、陳独秀も思想の転換を経験した。言論活動を開始したときは典型的な啓蒙思想家だったが、後に、中国を変革するには共産主義しかないと考えて、中国共産党を創設して初代書記長に就任したからである。ただ、その後、共産党と袂を分かち、独自の道を歩んだ。この点で、啓蒙思想家でも、共産主義革命家でもあった陳独秀はユニークな存在といえる。

本章は、最初に、西欧諸国が清に与えた軍事インパクト、国内社会の混乱、清が試みた近代化改革、清の滅亡と中華民国が誕生した経緯をみる。その後、陳独秀の啓蒙思想活動に焦点を当てて、中国の現状をどう批判し、どのような方向に変革しようとしたのか、その言説を検討するが、陳独秀と比較するために、西欧型教育を受けた革命家の孫文《そんぶん》、それにアメリカに留学した自由主義者の胡適《こてき》の言説も簡単にみる。

1　儒教への抵抗と孫文の限界

中国の王朝国家を支えた儒教と科挙

紀元前二二一年に強大な統一王朝国家の秦が登場した中国は、インドと並んで歴史文化を誇る国である。秦の滅亡後、様々な王朝国家の栄枯盛衰が起こったが、これらの国家を支えたのが、紀元前の春秋時代に孔子（前五五一年頃～前四七九年頃）が説いた儒教思想、それに儒学の素養を持った者を官僚に採用して統治を担わせる科挙の二つだった。

儒教は、政治支配者の心得を説いた

陳独秀

1879年　安徽省に生まれる
1901年　日本に留学
1915年　『新青年』創刊
1917年　北京大学文科長
1919年　五・四運動を指導
1921年　中国共産党を結成
1929年　中国共産党を除名
1932年　国民政府により逮捕
1937年　釈放
1942年　四川省で死去。62歳

政治思想といえるもので、その趣意は、家族倫理を基礎にする道徳によって国の社会秩序を創出することにある。すなわち、その根幹は、親に対する孝が人間社会の基本とされ、父母に対する孝順や年長者への恭順や兄弟に対する友愛などの家族関係を敷衍的に拡大して、それを国家の支配者と被支配者の関係に置き換えれば、政治社会は安定するということにある。これを表現した有名な言葉が、「修身斉家治国平天下」である。儒教は、前漢時代に官学として体制思想になり、その後の王朝国家でも継承されたが、ただ、孔子の説いた教義がそのまま遵守されたのではなく、時代の経過とともに、様々な新しい教義が登場した。

科挙は、これらの王朝国家を統治する官僚を採用するための公開試験制度で、儒学の古典である四書や五経などから出題された。試験は隋時代にはじまり、宋時代に皇帝自ら最終試験を行う「殿試」が導入されて制度が完成し、清末期の二〇世紀初頭まで続いた。科挙試験の合格者には、進士などの肩書が与えられ、上級試験に合格して中央政府の官僚に任官されると、家族だけでなく一族も経済的に潤ったと言われている。

このように、二〇〇〇年以上も連綿と続いた中国の王朝国家を支えたのが儒教と科挙であり、中国の知識人にとり儒学の素養を身につけて科挙試験に合格して任官することが、最大、かつ唯一の目標だったのである。陳独秀も当初は、この一員になろうとしたが、後に儒教と科挙を批判することになる。

清の相次ぐ軍事敗北

中国は漢人を軸に国家史が展開されたなかで、しばしば、北に住む遊牧民族が漢人の国に武力挑戦して成功し、「異民族支配」の国が創られた。一六四四年に中国の実権を掌握した清（一六一六～一九一二年）も、北方民族の満州人が、漢人の国の明の後継国として登場したものであり、強大な軍事力を武器に中国国家史上で最大の支配領域を築き上げた。そのため、南アジアや東南アジアを植民地化した西欧諸国も、中国に植民地化の手を伸ばすことは難しかったが、しかし、一九世紀後半に清が西欧諸国などとの相次ぐ戦争に敗れると、その弱体化が誰の眼にも明らかになり、植民地化の手が伸びたのである。清が戦った対外戦争を時系列に即してみると、次のようなものだった。

第一次戦争が、アヘン輸入を巡ってイギリスと戦ったアヘン戦争（一八四〇～四二年）である。その契機は、イギリス植民地のインドで産出されたアヘンの輸入増大により財政窮乏に陥った清が、貿易を厳しく取り締まると、反発したイギリスが不当な貿易管理の打破を名目に掲げて軍隊を派遣したことにあった。アヘン戦争は、中国と西欧の最初の軍事衝突であり、惨敗した清には「西欧の衝撃」となった。一八四二年に締結された南京条約で、五つの港の開港、香港の割譲、賠償金の支払いなどを余儀なくされて、西欧が主導する国際社会に引きずり込まれる。これ以降、中国の植民地化が本格化し、他方では、独立を護るために、西欧の産業や技術を導入する近代化改革がはじまったのである。

第二次戦争が、それから約一五年後に、再びアヘン貿易を巡って、今度は英仏連合軍と戦ったアロー戦争（一八五六～六〇年、第二次アヘン戦争ともいわれる）である。英仏連合軍に首都北京を占領されるなどして敗れた清は、一八六〇年の北京条約で北京の外港ともいえる天津の開港を余儀なくされた。

第三次戦争が、ベトナム北部を植民地にしようとしたフランスと戦った清仏戦争（一八八四～八五年）である。中国の王朝国家は、冊封体制の下でベトナム北部を「属国」としていたので、それを護る戦いだったが、ここでも近代兵器を駆使するフランス軍に敗れた。

第四次戦争が、朝鮮を巡って日本と戦った日清戦争（一八九四～九五年）である。これは、中国が南のベトナムと並んで朝鮮も、冊封体制の下で「属国」としていたので、それに挑戦した日本との戦いだったが、ここでも軍の近代化に成功した日本に敗れたのである。

第五次戦争が、中国で布教活動をするキリスト教宣教師などの西欧人を暴力で排斥しようとした民間団体の義和団の蜂起を受けて、清がイギリスや日本など八ヵ国の軍隊と戦った義和団《ぎわだん》事件（一九〇〇～〇一年）である。ここでも敗れたが、これについては後で詳しくみる。

洪秀全の太平天国の乱

清は五回の対外戦争に完敗しただけでなく、国内では南部地域を中心にした太平天国《たいへいてんごく》の乱（一八五一～六四年）に苦しんだ。これは、キリスト教の布教活動が認められると、その強い影響を受けた洪《こう》秀全《しゅうぜん》が、科挙試験に失敗したこともあり、伝統思想の儒教を否定して多くの神像や廟を破壊し、独自のキリスト教国を創ろうとした宗教運動でも農民運動でもあった。洪秀全は、イエス・キリストを天兄と呼び、自分はその弟であるとし、孔子を否定して、次のように述べた。

この年［戊申《ぼしん》年、一八四八年］の冬、天王［洪秀全］は、天兄キリストに質問して言った、「天兄よ、孔丘［孔子］は天上でどうしているのですか」と。天兄は言った、「あなたが天に昇ったとき、孔丘は天父［唯一神エホバ］の命令によって縛られて鞭打たれ、さらに天父の面前と私の面前にしばらく跪いていたではないか。彼がかつて世の人に教えた書には、真道に合致するところもあるが、誤りも甚だ多い。太平の時が到来したら、すべて焼いてしまわねばならぬ。ただ孔丘は悪い人間ではないから、今ゆるされて天国にいるが、再び世に現れることは許されない」と。（『世界史史料　第九巻』二四頁）

中国思想史のなかでみると、孔子の教えを否定して、キリスト教の平等主義を唱えた太平天国運動は、儒教批判の先駆けでもあったが、同時に、近代西欧文明の流入でもあったのである。反乱軍は南京を首都にして、洪秀全を天王とする太平天国を創設したが、内紛もあって清は何とか鎮圧できたのが実情だった。

洋務運動——西欧に倣った最初の近代化改革

徳川幕府は対外危機に陥ると、西欧に倣った部分的改革を試みたが、これは清も同様だった。それが、一八六〇年頃にはじまった洋務運動であり、指導者は、太平天国の乱を鎮圧した功労者の曾国藩《そうこくはん》や李鴻章《りこうしょう》など「洋務派」の漢人官僚だった。洋務派という呼称は、それまで外国関係は「夷務」と呼ばれていたが、西欧諸国との戦争での敗北を契機に改めたものである。

洋務運動で試みられた改革のうち、注目されるのは次のことである。一八七二〜七四年に三次に及

梁啓超（1873—1929）

康有為（1858—1927）

んで毎回四〇人ほど、合計で約一二〇人の留学生をアメリカに送ったが、これは、アメリカ人宣教師に才能を認められて、中国人で最初のアメリカ留学生（イェール大学）となった容閎《ようこう》の提言を受け入れたものだった。容閎は、清のためにアメリカから近代兵器も購入した。この他にも、北京に外国語学校の設立、上海での鉄道開設、福建省での造船所の開設、それに最初の在外公館がイギリス（ロンドン）に設置された。このうち在外公館の設置は、これまでの外国は文化的に劣った国であるという華夷思想（中華思想）を捨てて、中国も世界の国の一つであることを認めたことを意味した。また、北洋大臣に任命された李鴻章が、東アジアでは群を抜く規模と近代装備を備えた北洋艦隊を創り上げたことも、その一つだった。これは中国沿岸を警備する艦隊の一つで、この他にも南洋艦隊、福建艦隊、広東艦隊などが創られた。

洋務運動は、明治政府の近代化政策とほぼ同じ時期に行われたものであり、内容もほぼ同じだったが、挫折した。その原因は、日本と違い、清が欧米諸国の厳しい圧力に晒されていたこと、運動を推進した官僚の腐敗、それに清仏戦争や日清戦争の敗北などにあった。とりわけ、清仏戦争における福建艦隊の全滅は、知識人の間に洋務運動による軍事近代化の成果に大きな疑問を投げかけた。しかし何よりも、洋務運動が、中国の伝統的政治体制や伝統思想を維持したうえで、西欧の技術などで補強することを目指したものだったことに限界があったのである。そのスローガンが「中体西用」であり、これは日本の「和魂洋才」と通底するものだった。

変法運動の挫折

次が、日清戦争に敗北したことへの反省から生まれた、一八九八年の戊戌《ぼじゅつ》の変法と呼ばれた変法運動である。変法とは、中国古来の政治のあり方を変えることである。これは日本と西欧諸国をモデルにした改革運動で、指導者の康有為《こうゆうい》と梁 啓超《りょうけいちょう》は維新派（変法派）と呼ばれた。ただ、同じ近代化改革を目指したものとはいえ、洋務運動が伝統的政治体制の存続を意図したのに対し、変法運動は立憲君主制に変えること、および伝統思想の変革を意図したことに違いと特徴があった。

理論的指導者の康有為は、当時の知識人がそうだったように漢学を学んだ官僚だが、若い時に香港に滞在した経験があり、近代西欧文明の知識を得て、日本の明治維新に倣った近代化改革を進めた。これを語るのが、康有為が明治維新を次のように評価したことである。

日本の維新の始まりを考えますに、三点があります。第一には、広く群臣に旧習を改め維新をはかり、天下の輿論《よろん》を採用し、各国の良法を取り入れることを約束したこと、第二には、朝廷に制度局を開創して、天下のすぐれた人材二〇人を抜擢して参与とし、一切の政治要件および制度を刷新したこと、第三には待詔所［上書所］を開設して、天下の人士に上書を許し、国主が常時これを通覧し、適切な考えを述べた者は制度局に所属させたことです。これらはまことに変法を行なうための綱領であり、政策実現のためのみちすじであって、他に別の方法はないのでありま す。(『世界史史料　第九巻』一四四〜一四五頁)

清の改革者が日本の成功した近代化を注視していたことが分かるが、これは朝鮮の改革者も同様だった。変法運動を象徴したのが、康有為が、中国国家の体制思想である儒教の創始者の孔子は、守旧派の人間ではなく、聖人の言葉を借りて当時の政治を変革しようとした改革者だったと唱えたことであり、これは、孔子改制説と呼ばれた。改革運動は若い皇帝の光緒帝《こうしょてい》の支持を得て、科挙制度の改革、新官庁の創設、北京大学の前身の京師大学堂の創設など、政治、経済、教育、軍事での近代化が進められたが、しかし、変法運動も挫折した。多くの官僚が康有為の過激な改革に反対したこと、何よりも、守旧派リーダーの西大后《せいたいこう》が、一八九八年九月にクーデタを起こして光緒帝を幽閉したことにあった。これが戊戌の政変である。かくして、百日維新と呼ばれた変法運動は数ヵ月で終わり、指導者の康有為と梁啓超は日本に亡命した。

官民一体の西欧人排斥運動——義和団事件

清政府内で変法運動や戊戌の政変が起こった時に、中国人民衆の間でも大きな動きが起こっていた。それが、反キリスト教と反西欧人が一体になった過激な運動であり、その背景要因は次のようなものだった。アロー戦争敗北後に締結された北京条約で、キリスト教の布教が再び自由になり、多くの西欧人宣教師が活動を行うと、それに反発した、儒教を信奉する地方官僚や郷紳（退官した地域有力者）や住民による宣教師への暴行、教会焼き討ちなどが中国各地で起こった。キリスト教排撃運動は「仇教運動」と呼ばれたが、この背後には、欧米諸国の経済的進出に対する民衆の反発や不満があり、西欧諸国が主導した鉄道建設により中国人民衆の伝統的生業が破壊されたことは、その一つだった。義和団は西欧人を排除するために蜂起して、次のように訴えた。

神助拳《しんじょけん》、義和団は、ひとえに鬼どもが中原を騒がすことによって起こったものだ。［彼らは］キリスト教への入信を勧め、天にも横暴にふるまい、神仏を敬わず、祖先を忘れている。男に人倫はなく女に節義はない。鬼どもは人から生まれたのではないのだ。信じられないなら、よく見てみよ。鬼どもの眼はみな青くなっているだろう。……鬼どもを駆逐するのに困難はない。鉄道をほじくり返し、電線をぶった切り、つづけて大きな汽船をぶちこわす。フランスは肝を冷やし、イギリス・ロシアの勢力は一掃される。すべて鬼どもを殺しつくせば、大清の一統により昇平の世を享受できるだろう。（『世界史史料　第九巻』一五六頁）

中国人民衆の間で、すさまじいまでの西欧人と西欧の物質文明を排撃する運動が起こったのは、日本がそれを採り入れることにした明治維新から約三〇年も後のことだったのである。

義和団は拳法や棒術の修練をして呪文を唱えれば、西欧諸国の軍隊の刀剣や銃弾を跳ね返せるとの狂信的な信念の下で、清を扶《たす》けて西洋＝外国を滅ぼす「扶清滅洋《ふしんめつよう》」をスローガンに掲げて、一八九九年に山東省で行動を開始した。キリスト教会を襲撃し、鉄道や電線などの近代的施設を破壊し、一九〇〇年六月には北京の外国大使館を包囲して、北京駐在のドイツ公使を殺害した。その目的は、扶清滅洋のスローガンが語るように、中国の地から西欧人を追い出すこと、西欧型の近代的施設を破壊することにあった。これは、これまでで最大の「仇教運動」であると同時に、中国人民衆による「西欧人排斥運動」（愛国民族運動）でもあったのである。

これが西欧諸国などとの戦争になったのは、西太后など清政府の守旧派が、運動を「民の声」、あるいは「義民」として支持し、大使館の包囲に反発した西欧諸国などに宣戦布告したからである。これに対して、日本、ロシア、ドイツ、オーストリア、イギリス、フランス、イタリア、アメリカの八ヵ国が、在留自国民の保護を名目に共同出兵し、北京を占領して運動を鎮圧したが、鎮圧軍の主力は日本とロシアだった。これが義和団事件であり、清は講和条約で四億五〇〇〇万両の膨大な賠償金を支払うことになった。

歴史の皮肉とも言えるのは、義和団事件で敗北した西太后が、数年前に抑圧した近代化改革を、今度は自分の手で行うことを余儀なくされたことだった。一九〇五年に中国の王朝国家を支えてきた科挙の制度を、学校を創って国民に教育を普及させることを妨げて、人材の育成を損なっているとの上奏を受けて廃止したこと、〇八年に日本の大日本帝国憲法をモデルに「憲法大綱」を公布して、九年以内に憲法制定と議会を開設することを約束したことは、その主なものである。これ以外にも、中央官庁の改革、総理衙門を外務部に名称変更、多くの官僚の日本への視察派遣などが行われた。これら一連の近代化改革が「光緒新政」である。しかし、もはや手遅れだった。ほどなくして清は崩壊することになる。

近代化改革はなぜ失敗したのか

近代化改革が失敗した要因として、様々なことが考えられるなかで、ここでは「伝統思想要因」をみてみたい。最初の近代化改革の洋務運動で「中体西用」が唱えられたが、これは、漢学者で官僚の張之洞《ちょうしどう》が唱えたものであり、その要点は次のようなものだった。

変ずべきでないのは人倫・紀綱であって、法制ではない。聖道であって、器械ではない。心術であって、工芸ではない。……いわゆる道の本とされるのは、三綱四維［君臣・父子・夫婦の道と礼・義・廉・恥の根本道徳］であって、もしこれを捨てるなら、法は行なわれず世は大乱に陥るだろう。しかし、もしこれらを守って失わないなら、孔子や孟子が甦ってきたとしても、変法の非を主張することはあり得ないであろう。（『世界史史料　第九巻』一四七頁）

張之洞は、儒教思想を基礎にした政治体制を維持するために、西欧の技術で補強することを主張したが、しかし、その問題点は、制度や物質など近代西欧文明の「外形」だけに着目して、それを生んだ「精神」に眼を向けるものではなかったことにあった。換言すれば、これまで中国の王朝国家を支えてきた儒教を基礎にして、文化が進んだ中国は世界の中心であり、外国は文化的に劣った国だとする華夷思想などの精神を維持して、外形だけ替えようとしたものだったのである。

西欧諸国との戦争に相次いで敗れ、また、一部の知識人とはいえ、日本の近代化を称賛したのに、なぜ、清の支配者は伝統思想に拘ったのだろうか。歴史家のマクニールは、その理由を次のようにみている。

それまで何世紀にもわたって強力な文明を維持し、繁栄させてきた中国の役人たちにとって、外国人とは粗野な蛮族にすぎず、その彼らが自分たちに教えるべき重要なものを持っているなどとは、とうてい信じがたかった。したがって帝国政府が太平天国の乱を鎮圧するのに外国の軍事専門家たちを雇う必要を認めたあとでも、それを教訓とみなし、自国の弱さを肝に銘じようとする役人たちはほんのわずかしかおらず、その人たちによる効率的な陸海軍の基礎を作る努力も、まもなくとぎれてしまった。原因として、ひとつには保守勢力の反対もあったが、同時にまた改革者の側に意気ごみが欠けており、この国の伝統的社会構造に触れるような行動をおこすのを躊躇したからだった。(『世界史(下)』二六一頁)

清の支配者だけでなく、官僚の改革者もまた伝統思想に固執して、抜本的な改革を行う勇気に欠けていたのである。しかし、清が直面する厳しい国際環境と国内状況は、儒教思想の維持、華夷思想の継続、政府の小手先の改革で済ませられるものではなく、精神にまで及ぶ根源的変革を迫るものだったのである。「西欧」といかに対峙し、受容するかを巡る長い混乱が続いたなかで、それに道筋をつけて、一つの確固たる解答を提出したのが、陳独秀の啓蒙思想活動だったのである。しかし、それをみるまえに、清を倒して新しい国を創る革命運動が起こり成功したので、それをみておく。

辛亥革命

一九世紀末に、中国の南部地域に住む漢人を中心に、統治能力を失った清を倒す革命運動がはじまったが、これは、日本の徳川時代末期の討幕運動とほぼ同じ構図だった。「排満興漢」をスローガンに掲げた運動は、政治権力を満州人から漢人に取り戻す「民族運動」であると同時に、王朝国家に替わって共和国を創る「革命運動」でもあった。その指導者が広東省出身の孫文で、何回も武装蜂起したがすべて失敗して、日本など外国への亡命を余儀なくされた。清を直接に倒したのは孫文の蜂起ではなく、一九一一年一〇月に湖北省の武昌で、孫文とは別の革命勢力の湖北新軍が起こした蜂起だった。湖北省が蜂起すると、革命はたちまち華中や華北に波及して、中国の全二四省のうち一四省が独立を宣言し、一九一一年末にこれらの省の代表者が南京に集まり、翌一二年一月に孫文を臨時大総統に選出して中華民国の成立を宣言した。これはアジアで最初の共和国だった。これに対して清は、李鴻章の死後、最大の実力者となった軍人の袁世凱《えんせいがい》を首相に任命して対処させたが、しかし、袁世凱は期待に反して清を見限り、一九一二年二月に皇帝の溥儀《ふぎ》を退位させたので、清が崩壊したのである。

問題は、共和国になったものの革命勢力が分裂していて、一つにまとまることがなかったことだった。このようななかで、権力闘争に敗れた孫文は亡命し、袁世凱が一九一二年三月に中華民国臨時大総統に就任して、その後、皇帝になることを試みたが、失敗した。一九一六年に袁世凱が病死すると、中国は各地に有力地域支配者（軍閥）が割拠する分裂状態に陥ったのである。ただ、政治が極めて不安定な状況にあったなかで、中国の伝統社会が変わろうとしていたこと、多くの人が変わる必要があると受け止めていたことは事実だった。中華民国になると、満州人が漢人に強制した辮髪《べんぱつ》の廃止、中国人女性の伝統的慣行である纏足《てんそく》の廃止などの社会改革が行われたことは、その一例である。

これから、陳独秀が近代西欧文明に依拠して中国を変革しようとした啓蒙思想活動をみるが、その前に、彼とほぼ同じ時期に中国の改革（近代化）を試みた、西欧型教育を受けて波瀾に富んだ人生を送った革命家の孫文の思想を簡単にみておく。

孫文の経歴

孫文（一八六六〜一九二五年）は、広東省香山県（現在の中山市）の農家の三男に生まれ、アメリカのハワイに移民して事業に成功した兄が呼び寄せると、一八七九年（一三歳）にハワイに渡って西欧型教育を受けた。四年後の一八八三年に中国に戻り、九二年に香港大学の前身の西医書院を優秀な成績で卒業して、マカオで医院を開業した。孫文は西欧型教育を一三年受け、この間にキリスト教の洗礼も受けたが、しかし、西洋かぶれになることはなく、近代西欧文明を武器に、清を倒して、共和国を創る革命家の道を選んだのである。

一八九四年（二八歳）にハワイで興中会を組織して革命運動を開始したが、一〇回に及ぶ武装蜂起はすべて失敗して、日本、アメリカ、ヨーロッパ、東南アジアなど世界各地への亡命を余儀なくされた。日本滞在は一八九五〜一九〇七年の長期滞在（亡命）をはじめとして、亡くなる前年の一九二四年まで、通算で十数年に及び、宮崎滔天《みやざきとうてん》や犬養毅《いぬかいつよし》など中国革命に関心を寄せる人びとから支援を得た。辛亥革命の報を滞在先のアメリカで聞くと、急遽帰国して中華民国臨時大総統に就任したが、袁世凱との権力闘争に敗れ、一九二五年に北京で病死した。

孫文の中国改革論、すなわち、新生中国の原理として唱えたのが、民族の独立、民権の伸長、民生の安定からなる有名な「三民主義」である。孫文自ら、三民主義は愛国主義であると述べたように、これは、長い外国滞在と欧米社会などの観察から生まれたものだった。このことは、孫文が啓蒙思想を武器に、愛国主義（民族主義）の立場から、中国の変革を試みた啓蒙思想家の一人であることを語っている。ここでは、孫文が近代西欧文明の鏡に照らして考えた、中国の問題点と、その変革がどのようなものだったのか簡単にみる。

孫文

1866年　広東省に生まれる
1879年　ハワイに移住
1883年　帰国し医学を学ぶ
1885年　キリスト教徒になる
1894年　ハワイで興中会を結成
1895年　広州で武装蜂起に失敗、日本に亡命
1905年　中国同盟会を結成、「三民主義」を提唱
1912年　中華民国臨時大総統
1919年　中国国民党を結成
1924年　第一次国共合作。日本で「大アジア主義」講演
1925年　北京で死去。58歳

西欧の物質文明から学ぶ

孫文は、福沢と同様に、西欧の物質文明が中国のそれを圧倒するものであることを認めて、次のように言う。

ヨーロッパが、わが中国の上を行っているのは、その政治哲学のためではなく、まったく物質文明のためである。近年、かれらの物質文明が発展したことによって、人間の日常生活における衣・食・住・行（交通のこと）のさまざまな設備が、きわめて便利に、きわめて迅速《じんそく》になった。……こうしたあらゆる新しい設備、新しい武器は、いずれも科学の発達によってもたらされたものである。……いまわれわれはそのヨーロッパにまなぼうとしているのであるが、それには中国にないものをまなぶべきである。中国にないものというのは科学であって、政治哲学ではない。政治哲学の真髄《しんずい》ということになれば、むしろヨーロッパ人が中国に求めようとしているものである。（安藤彦太郎訳『三民主義（上）』九三、九四頁）

孫文は、中国の政治思想は西欧よりも優れているので、中国に必要なのは、西欧の物質文明を生みだした科学だとみたのである。西欧の物質文明と技術発展、それに日本の近代化から強いインパクトを受けたのである。

孫文がみた中国の病理――民族意識の欠如

孫文は、西欧と比較した場合、中国の病理は次の点にあると指摘した。「外国の傍観者は、中国人はひとにぎりのバラバラな砂だという」が、その原因は、「一般人民に家族主義と宗族主義があるだけで、国族主義がないためだ」、そのため「中国人の団結力は宗族までにとどまって、まだ国族までには拡大していない」ことにある、というのがそうである。

ここで孫文が言っている国族主義は民族主義のことである。中国人には国民が一つに纏まる意識がないと批判するが、それでは、どうしたらよいというのか。その答えが、中国が直面している植民地化の危機を逃れるために、国民が民族意識を持つことが大切だというものだった。国民が民族意識を持って団結することを説く孫文は、紛れもなく民族主義者なのである。

孫文が考える国家と国民の自由

孫文は、中国を変革する必要があると考え、その原理として、有名な三民主義を説いた。しかし、それは西欧の自由を基礎にする民主主義とは違うもの、換言すれば、孫文を民主主義者とみることはできない。それを語る言説を示してみよう。

われわれ国民党が三民主義をとなえて中国を改造するにあたって主張する民権は、ヨーロッパ、アメリカの民権とはちがう。われわれがヨーロッパ、アメリカのこれまでの歴史を材料とするのは、なにもヨーロッパ、アメリカをまね、かれらのうしろ姿をおがもうというのではない。

われわれの民権主義によって、中国を「全民政治」の民国（共和国のこと）に改造し、ヨーロッパ、アメリカの上をいこうというのだ。（『三民主義（上）』二四四頁）

孫文は西欧の民主主義の模倣ではなく、中国独自の政治のあり方を追求したが、ここからでてきた解答が、「国家の大事を腕前のある人にまかさなくてはならぬ」という、「専制政治」（独裁政治）だったのである。国民主権と、国家運営における独裁政治は矛盾しているが、孫文によると、その理由は次のことにあった。

このたとえ話によって区分できることは、自動車をうごかす運転手は有能で無権、自動車の持主は無能で有権、ということだ。この有権の主人は有能な専門家にたより、自分のかわりに自動車をはしらせなければならない。民国の大きな問題についても同様な道理である。国民は主人で、すなわち有権者、政府は専門家で、すなわち有能者である。この理由からして、民国の政府官吏は、大総統たると内閣総理たると各部総長（各省大臣）たるとをとわず、われわれはそれを運転手とみなすべきものなのである。かれらに腕前があり国家のためにつくす真心がありさえすれば、われわれは国家の大権をかれらに託し、その行動に制限をつけないで、なんでも自由にやらせるべきだ。かくてこそ国家は進歩し、その進歩を早くすることができるのである。（『三民主義（下）』三七頁）

ここで孫文が言う、「自動車の持主は無能」とは「国民は無能」の意味であり、これが、孫文が「愚民観」の持ち主と批判されるゆえんである。さらに、独裁政治との関連で、国民の政治的自由を制限する必要があるとも述べた。中国の独立を護るには国民の政治的自由を犠牲にしてでも、国家（政府）に絶対的権限（独裁）を持たせるべきだ、というのがそうである。国民よりも国家を優先する政治思想は、一八世紀にドイツ、オーストリア、ロシアなどに登場して、啓蒙主義的な近代化を上から行った統治、すなわち、啓蒙専制君主に類似したものである。視点を変えて言えば、個人の自立と自由を説いた陳独秀とはまったく違うものなのである。

2　民主主義と科学――陳独秀の反骨

生い立ちと日本留学

陳独秀（一八七九〜一九四二年）は、安徽省懐寧県（現在の安慶市）で儒学知識人を父に、五人兄弟の末弟として生まれた。二歳のときに父が亡くなり、科挙試験に合格して秀才となった祖父に養育されたが、叔父も挙人の資格を持つなど、陳独秀の家系は儒学知識人一族だった。科挙試験合格者のランクは、下から、秀才―挙人―貢士―進士の順番で、最上位が状元である。陳独秀は六歳になると四書や五経を学びはじめ、秀才になった兄の下で十二、三歳の時に科挙試験の準備をし、一八九六年（一七歳）に秀才に合格した。陳独秀は後に、幼少年期を述懐して、「われわれの教育について母親が考えていたのは科挙だけだった。少なくとも挙人に合格して、父の無念を晴らして欲しいということだけだった」、と語っている。父の無念を晴らすというのは、父は秀才に合格したが、その上の挙人に合格しなかったからである。このように、陳独秀は当時の中国知識人の典型的な道を辿ったが、翌年の挙人の試験に失敗したさいに、科挙試験に参加する人びとの考え方や行動が歪んだものであることを痛感して、科挙制度に不信感を持ち、後に全面的な儒教批判を行うことになる。

科挙を見限った陳独秀は、杭州の学校で英語やフランス語を学び近代西欧文明に関心を持ったが、変法運動に共鳴して改革思想に傾き、清を倒す革命運動に加わった。しかし、陳独秀が参加した武装蜂起は失敗して、日本に留学や亡命など五回、滞在した。第一回が一九〇一～〇二年（約五ヵ月）である。第二回が一九〇二～〇三年（約半年）で、この時は留日学生舎監の、満州人の慣行を漢人に強制した辮髪を切る事件を起こして、中国に帰国させられた。第三回が一九〇六年夏の短い旅行である。第四回が一九〇七年春～〇九年秋（約二年半）の長期滞在で、この時は東京正則英語学校で英語を学んだ。そして、最後の第五回が一九一四年七月～一五年六月（約一年）で、この時はアテネ・フランセでフランス語を学んだ。日本で英語とフランス語を学んだのは、近代西欧文明を知るためだった。

中国共産党の創設者

辛亥革命が勃発して、陳独秀の故郷安徽省でも革命政府が創られると、都督府顧問に、後に、秘書長に就任したことが、政治活動のはじまりだった。しかし、袁世凱が反革命をおこして革命勢力を弾圧すると、安徽省の革命政府も潰されて、陳独秀は逮捕された。これは、五回の逮捕歴のうち最初のものだった。その後、最後の日本滞在から帰国した一九一五年に、雑誌『新青年』を創刊して啓蒙思想活動を開始し、一七年に北京大学文科長となり、一九年に反日運動の「五・四運動」を指導して一躍脚光を浴びた。

しかし、守旧派の圧力によって一九一九年九月に北京大学を解任されると、陳独秀の思想と行動に一大転機が訪れた。一九二〇年代初めに共産主義に傾倒して、翌二一年に上海で創設された中国共産党の初代書記長に就任したからである。日本の中国侵略がはじまると、一九二四年に共産党と国民党の統一戦線の国共合作が実現したが、二七年に蔣介石のクーデタで国共合作が崩壊すると、失敗の責任を問われて書記長を解任された。陳独秀は解任後に、ソ連の革命指導者トロツキーの中国革命に関する見解が自分と同じことを知ると、共産党を批判したが、除名された。そして、一九三二年に、中華民国に危害を与えたとして、国民政府に逮捕されて南京に収監され、三七年に日中戦争がはじまると減刑・釈放されて、四川省に三度目の夫人とともに籠って執筆活動に専念し、四二年五月に同地で亡くなった。

雑誌『新青年』の表紙

陳独秀は、雑誌『新青年』を拠点にした啓蒙思想活動の主導者、中国最初の民族運動といわれる「五・四運動」の指導者、それに、中国共産党の創設者という華やかな活動経歴をもつが、陳独秀研究者の横山宏章は、その多彩な活動を、依拠した思想を基にして、①清末期の民族主義者、②新文化運動期の民主主義者、③国民革命期のマルクス主義者、の三つの時期に区分している。これから焦点を当てるのは、このうち②の時期の活動であり、この時期を彩った啓蒙思想活動と「五・四運動」の概要は次のようなものだった。

『新青年』と五・四運動

本格的な啓蒙思想活動は、最後の日本滞在から帰国した一九一五年にはじまり、これは同年九月に上海で創刊した『青年雑誌』(翌年九月の第二巻一号から『新青年』に改称された。本章は『新青年』と表記する)を拠点にするものだった。創刊号の表紙に、アメリカの実業家カーネギーの肖像が描かれ、本文に彼の自伝が掲載されたことは、雑誌の目的と性格が何かをよく語っている。当初は陳独秀の単独編集だったが、一九一八年から胡適など七人の共同編集になり、後にまた陳独秀の単独編集になった。同誌は、一九二六年七月に停刊するまで全九巻が刊行され、創刊時は一〇〇〇部だったが、一七年の最盛期には一万五、六千部を刊行して、知識人や青年に多大な影響を与えた。

もう一つの「五・四運動」は次のようなものである。ヨーロッパ諸国が戦った第一次世界大戦中の一九一五年に、日本が中国の混乱に乗じて、山東省利権の譲渡など、日本の権益を拡大する目的で「二一ヵ条要求」を袁世凱政府に突き付けると、ほぼ全面的に受け入れるしかなかった。そのため、第一次世界大戦後の一九一九年に開催されたパリ講和会議で、中国は「二一ヵ条要求」の破棄、それに、敗戦国となったドイツが持っていた山東省権益の返還を要求したものの、イギリス、アメリカ、フランス、イタリア、日本の五大国によって拒否された。この時に山東省の権益は日本に譲渡されたが、一九二一〜二二年に開催されたワシントン会議のさいに中国に返還され、また、同会議で「二一カ条要求」が無効とされた。

この日本の行動に対して、一九一九年五月に、三〇〇〇人ほどの学生が北京の天安門前に集まって政府に抗議デモを行い、親日の政府官僚の邸宅を焼き討ちし、日本製品ボイコットを唱えると、市民や労働者も賛同して、運動が全国に広まった。これが「五・四運動」であり、陳独秀はその指導者だったのである。ただ、そのさい政府の対応を批判したビラを配布して逮捕・投獄された。中国民族史の文脈のなかでみると、「五・四運動」は、中国を改革する民族運動のはじまりだったが、重要なのは、陳独秀が欧米諸国に対する失望から、「五・四運動」後に、共産主義に急速に接近したことだった。

以下では、陳独秀の啓蒙思想家としての言説を検討する。

「中国人には愛国心がない」

陳独秀が最初に言論活動を開始したのは、日露戦争が起こった一九〇四年のことであり、これは、故郷の安徽省で新聞『安徽俗話報』を創刊して行ったものだった。その目的は、世界各地の出来事を読者に知らせて、中国が直面する現状を認識させることにあったが、清を倒す革命運動にのめり込んだため、翌〇五年に終了した。興味深いのは、この頃、革命仲間と結成した、言論活動とはまったく逆の活動ともいえる、西太后など清政府要人を殺害する暗殺団に加入したことであり、後に北京大学学長に就任する蔡元培《さいげんばい》も仲間の一人だった。

当時は、まだ清が支配していた時で、その弱体化は誰の眼にも明らかであり、陳独秀は西欧諸国に軍事的に対抗できない現状を次のように憂えた。

ああ。自分で自分を見下すわけではないにせよ、われわれ中国の現在の兵力は、外国と戦争をして、どうして勝つことができようか。長江沿いの数省では南京の兵がいちばん多く、兵数は一応一、二万いるが、みな訓練が行きとどいていない。かの指揮官たちは、戦争という本分は言うもおろか、アヘンを吸わず給料のピンハネをしない者が、いったい何人いるのか。（長堀祐造他編訳『陳独秀文集　第一巻』四〇頁）

これは、清の対外戦争の敗北を憂えたものであり、なぜ、西欧諸国との戦争に「連戦連敗」したのか、その理由がよくわかる。同時に、「われわれ中国人は母親の腹から出て、棺桶に入るまで自分の功名富貴だけを求めて、国家の治乱、有用な学問といったものはまったく気にしない。これが人材欠乏、国家衰弱の原因である」、と述べて、中国人民衆が抱える問題点も指摘した。近代西欧文明を通じて、西欧の国家と国民の姿を知った陳独秀の眼には、中国は国家も国民も大いに問題があると映ったのである。辛亥革命後に登場した中華民国が混乱に陥った一九一四年になると、憂いは切実さを増して、「中国人には愛国心がない」、「国民に愛国心がなければ、その国は常に亡びる」、としたうえで、「愛国心が立国の要素であるとは、ヨーロッパ人が常に語ることであり、日本から中国に伝わってきたものである」、と説いた。陳独秀が、国民がばらばらで、愛国心が欠如していると憂えたのは孫文と同じである。

中国の国家は絶望的

それでは、どうしたらよいのだろうか。陳独秀はその解答を得るために、中国と西欧の国家の有様を比較して、「欧米人が国家をみる際には、国民のために安寧・幸福をともに図る団体と見なす」が、しかし「わが中華にはこれまでともに福利を図る団体、つまり近世の欧米人が言うような国家がなかった」としたうえで、「人民はどうして必ず国家を建設するのか」と自問し、「その目的は権利を保障し、ともに幸福を図ることにあり、これが国家を成立させる精神である」と指摘した。これに対して、「わが国は太古以来、国家を建設したと称したこと、およそ数十回あったが、いずれもわれわれのために福利を図ったことはなく、それどころかわれわれの福利を損なう賊であった」と断じたのである。

社会契約説と西欧の活力に溢れた国民の姿を知った陳独秀の眼には、中国の国家は絶望的なものとして映ったのである。さらには、国民についても、「いまの国民の知力では西欧型の国家を建設することは難しい」と憂慮して、中国の国家と国民の意識を全面的に変革する必要性を痛感したのである。

「青年よ、勉めよや」

ここから、中国を変革するには、何よりも伝統文化を変える必要があると考えて、活動を開始したのである。これは「新文化運動」と呼ばれたが、実際には、反封建運動、すなわち、封建的家族制度、それを支える儒教道徳、その創始者である孔子の思想を批判する運動といえるものだった。近代西欧文明に即していえば、個人の自立、自由と平等、社会の進化などを説いた啓蒙思想運動だったのである。

新文化運動の口火を切ったのが、一九一五年に『新青年』創刊号に「敬《つつし》んで青年に告ぐ」のタイトルで発表した論文だった。陳独秀は、中国青年に向かって、「自主的であれ、進歩的であれ、国際的であれ」と檄を飛ばしたが、なぜ、この三つが重要なのか、その理由を次のように述べた。

今日の荘厳絢爛たるヨーロッパは何に由来するであろうか。革命の賜物《たまもの》だと言おう。ヨーロッパ語の言う革命とは古いものを改め、新しくするとの意で、中国で言う王朝交代とはまったく異なるものである。したがって、ルネサンス以来、政治界に革命があり、宗教界にも革命があり、倫理道徳にもまた革命があり、文学芸術もすべてが革命で、革命によらずして新たに興り、進化したものはない。近代ヨーロッパ文明史は、革命史だと言える。そこで、今日の荘厳絢爛たるヨーロッパは、革命の賜物だと言うのである。(『陳独秀文集　第一巻』一四〇頁)

陳独秀は、自立心を持った国民の手による諸々の革命が今日の西欧を創り上げたとみたが、これと較べると、中国の国民は憂慮すべき状態にあったのである。辛亥革命が不徹底に終わった原因を、中国人の意識のあり方にあったとみた陳独秀は、国民が科学意識を持つことを説いた。

国民が蒙昧時代を脱することを欲し、教化の浅い民であることを恥じるならば、急ぎ立ち上がって［近代ヨーロッパを］猛追し、科学と人権をともに重んじるべきである。知識人は科学を知らないために、陰陽家の符瑞［天子の受命を暗示する吉兆］や五行の説を踏襲して、世を惑わせ民を欺き、地気や風水の談をなし、故人の霊にすがる。……およそこのような常識のない思惟、理由のない信仰を、根治しようとすれば、科学しかない。……宇宙の中で物事の道理は窮《きわ》まりなく、科学の領域内で肥沃にして開墾を待つ部分は、まさに広大である。青年よ、勉めよや。（『同』八〇、八一頁）

中国人が科学意識を持って自立することを説いたこの言説は、啓蒙思想そのものである。筆者には、陳独秀がカントの言葉を知っていたかどうか定かではないが、「青年よ、勉めよや」という呼びかけは、カントの「敢えて賢こかれ！」、「自分自身の悟性を使用する勇気をもて！」という呼びかけとほとんど同じである。

文学革命

『新青年』は創刊時から、ルソーなどの政治思想だけでなく、西欧文学も紹介しており、新文化運動は、中国の伝統文学を変革する文学革命でもあった。その口火を切ったのが、雑誌の仲間の一人の胡適である。胡適はアメリカ留学中の一九一七年に『新青年』で、文学革命のために、「典故を用いない、陳腐な常套語を用いない、俗字俗語を避けない、内実のあることを言わなければならない」、など八つの提案を行った。西欧に倣って中国で国民国家を形成するには、民衆に受け入れられる解りやすい国語や近代文学が不可欠だと考えたことがその理由だった。

『新青年』に掲載された論稿は、当初は知識人にしか判らない難解な文語文が使われていたが、これ以降、話し言葉に近い民衆も理解できる口語文に変わり、口語文の小説も登場することになった。口語文で書かれた小説の先陣を切ったのが、翌一九一八年に魯迅《ろじん》が書いた短編小説『狂人日記』だった。魯迅は一九〇二〜〇九年の七年、日本に留学して仙台医学専門学校で学び、中退して文学者に転じた小説家である。そして、文学革命の拠点になったのが、フランス留学から帰国して学長に就任した、教育者で自由主義者の蔡元培の下に、陳独秀、胡適、中国共産党の創設者の一人になる李大釗《りたいしょう》らが集まった北京大学だったのである。

陳独秀の儒教批判

福沢は日本を近代化するために、儒教を徹底的に批判したが、陳独秀も容赦ない儒教批判を行った。中国を近代化するには、何にもまして儒教が克服されるべき思想と考えたからである。陳独秀は言う。「鎖国時代にあって、西洋の独立・平等の人権説と比較することがなかったならば、誰も孔教の非を論じることなどできなかったにちがいない」、しかし、近代西欧文明が入って来たいまは事情が違う。「「孔教」は本来機能を失った偶像であり、過去の化石であって、民主国の憲法において、問題となることはないはずである」「その存廃はわが国が早急に解決しなければならない問題であり、国体・憲法問題の解決より先でなければならない」、として、いまや儒教は過去の化石に過ぎないと切って捨てたのである。

陳独秀の儒教批判は福沢よりも手厳しいが、それでは、倫理政治を説く儒教の何が問題だというのだろうか。

倫理思想が、政治に影響を与えることは、各国みな同じだが、わが中華ではとくに甚だしい。儒者の三綱［君臣・父子・夫婦の道］の説は、わが倫理と政治の根本であり、両者は一つに結びついていて、どちらか一方だけを廃することはできない。三綱の根本原理は、階級制度である。いわゆる名教、いわゆる礼教とは、尊卑を区別し貴賤を明らかにするこの制度を守るためのものである。近世西洋の道徳・政治は、自由・平等・独立の説を根本としており、階級制度とはまったく相反する。これが東西文明の一大分水嶺である。（『陳独秀文集　第一巻』一一四～一一五頁）

陳独秀は、これまで中国の王朝国家を支えてきた、君臣、父子、夫婦の倫理を説いた儒教の根本原理の三綱の説は、自由と平等を否定する階級制度を護るためのものであり、孔子の教義はそれを覆い隠すためのものでしかない、と断罪したのである。

ただ、儒教は知識人に受け入れられたが、農民など民衆は道教や呪術などを信仰していた。啓蒙思想は人びとの迷信を否定して、科学的な合理主義精神を重視するものであることから、陳独秀は中国人民衆の間に広く浸透している偶像信仰についても、止めることを説いた。すなわち、泥や木でできた偶像に霊験があると考えるのは、迷信深い人が自分で自分を騙しているにすぎないので、偶像を破壊しなければ、人間は永遠に自分で自分を騙して妄信しつづけるだけで、本当に合理的な信仰をもつことはできない、という主旨を述べて、「われわれの信仰は、真実であり合理的であることを基準としなければならない」、それゆえ、「宗教上、政治上、道徳上、古から伝わってきた虚栄、人を騙す不合理な信仰は、すべて偶像であり、破壊しなければならない」、と訴えたのである。合理主義精神と科学に立脚して、長いこと中国人民衆が親しんできた偶像崇拝をきっぱりと止めること、偶像を破壊することを説いた陳独秀は、福沢と同様に、まさしく啓蒙思想の「申し子」なのである。

二つの理念——「民主主義」と「科学」

中国の伝統思想や伝統文化の因習を徹底的に批判した陳独秀は、それに固執する守旧派との戦いを余儀なくされた。これを述懐して、本誌は創刊以来三年が経過し、書いているのはいずれも極めて平凡な話なのに、社会は大騒ぎをして、批判者は『新青年』を一種の邪説、怪物、経書の道に叛く異端、聖人をそしり、法を否定する叛逆者と見ている、という主旨を述べた。守旧派の眼には、陳独秀は中国の伝統思想や伝統文化のすべてを否定する、忌まわしい破壊者として映ったのである。陳独秀は批判に反論しながら、自分が依拠するのが啓蒙思想であることを堂々と宣言したのである。

これらの罪状は、本社同人はもちろん率直に認めてはばからない。しかし元をたどれば、本誌同人に本来罪はなく、ただ徳莫克拉西《デモクラシー》（Democracy）と賽因斯《サイエンス》（Science）の両先生を擁護したからこそ、これらの極大の罪を犯したのである。……西洋人は徳・賽両先生を擁護するために、どれだけの騒ぎを起こし、どれだけの血を流したか、［それによって］徳・賽両先生はようやく彼らを少しずつ暗黒の中から救い出し、光明の世界へと導いたのである。われわれは現在この両先生だけが、中国を政治的・道徳的・学術的・思想的なあらゆる暗黒から救うことができると確信している。この両先生を擁護するためであれば、あらゆる政府の圧力、社会の攻撃や罵倒嘲笑、死刑や流血さえも、辞すところではない。(『陳独秀文集　第一巻』一六六、一六七頁)

陳独秀が高々と掲げた民主主義と科学は啓蒙思想のエッセンスであり、暗黒の世界から光明の世界へという言葉は、そのキャッチフレーズでもあった。陳独秀は中国を変革するには、この二つが絶対に必要だと確信したのである。これは、福沢にも当てはまることだが、儒教思想が支配する東アジアで啓蒙思想を説くことは、儒教批判とセットになった営為であること、換言すれば、儒教社会の近代化と西欧化において、二つはコインの表裏関係にあったのである。すなわち、一方が成立するには、他方を否定しなければならないという意味であり、イスラーム社会の近代化と西欧化もこれと同じ関係にあったのである。

共産主義への傾斜

陳独秀は、北京大学を解任されると上海に移って言論活動を再開したが、注目されるのは、これ以降、思想の軸足を啓蒙思想から共産主義に移したことである。この「思想転換」には外的要因と内的要因があり、外的要因として指摘されているのが次のことである。これまで陳独秀は民主主義を信頼していたが、第一次世界大戦後のパリ講和会議で、世界の国々の民族自決を唱えていたアメリカのウィルソン大統領が、中国に民族自決を与えることを拒否したこと、日本の中国支配を容認したことに失望したことがそうである。ウィルソン大統領にとり、民族自決が適用される地域はヨーロッパだけだったのである。内的要因は、陳独秀が守旧派知識人の批判を受けて北京大学を追われたさいに、「五・四運動」で学生や労働者が中心になったことをみて、中国を変革する主体は知識人ではなく労働者だと痛感したことである。

陳独秀の心の中でこのような意識変化が起こりつつあった一九二〇年の四月か五月頃に、ロシア人のヴォイチンスキーが中国に共産党を創る工作のために、陳独秀に接触した。パリ講和会議翌年の一九二〇年になされた次の言説は、その「転向宣言」とみることができる。

第一にわれわれは世界各国で最も不平等で最も苦痛なことは、他でもなく、少数の遊惰で消費をする資産階級が、国家、政治、法律などの機関を利用し、多数の勤勉で生産をする労働階級を資本勢力の下に抑圧し、牛馬・機械にも及ばない扱いをしていることだと知らねばならない。……私は革命という手段によって労働階級（つまり生産階級）の国家を建設し、対内的・対外的な一切の掠奪を禁止する政治や法律をつくりだすことが、現代社会の第一の必要であると認める。（『陳独秀文集　第一巻』二八八、二九八〜二九九頁）

自由や科学など啓蒙思想の基本用語を使うことを止めて、代わりに階級と革命の用語を使った陳独秀のこの言説をもって、『新青年』は、政治（共産主義）にコミットする陳独秀グループと、政治に距離を置こうとする胡適グループに分裂したのである。胡適が反発した背景には、雑誌を創刊した当初、陳独秀は中国の混沌を救うには、政治革命ではなく、中国人の思想や文化を変革することが先決であるとして、「政治を語らない」ことを原則にしていたのに、政治を語りはじめたということがあった。換言すれば、これまで陳独秀は、新文化運動による「思想革命」を看板に掲げていたが、これに代わって、体制変革を目指す「政治革命」の看板を掲げたのである。胡適グループが去ると、『新青年』は啓蒙思想誌からマルクス主義思想の普及誌になった。

啓蒙思想から共産主義に転換した理由

本章は、啓蒙思想家としての陳独秀の言論活動をみることが目的であり、共産主義に転じた以降の思想と活動の検討は省略するが、ただ、共産主義者となった後も、陳独秀が社会主義と民主主義は矛盾するものではないと述べていることは指摘しておくに値する。死の二年前の一九四〇年に、「科学、近代民主制、社会主義が近代人類社会の三つの大きな天才的発明であり、極めて宝貴なものである」、と語っているからである。共産主義を受け入れた後も、啓蒙思想家陳独秀は健在だったわけだが、ただ、一九二〇年以降は彼の意識のなかで、二つのうち共産主義が「上位」に置かれるべき思想になったのである。

なぜ、陳独秀が啓蒙思想から共産主義へと転換したのか、その理由について横山宏章は、「陳独秀の思想革命、西欧民主主義思想の導入は、閉塞感に苦しむ中国知識青年の圧倒的な支持を得たが、一九二〇年代に入ると、文化や思想の力だけでは、現実の世界を変えることはできないと痛感して、マルクス主義者になった」、とみている。

陳独秀本人はその理由を、国民政府に逮捕された翌年の一九三三年に、獄中で書いた「弁訴状」で次のように述懐している。

私は行年五十五、弱冠［二十歳］以来、帝制に反抗し、北洋軍閥に反抗し、封建思想に反抗し、帝国主義に反抗し、奔走呼号して中国の改造を図ること今に至るまで三十余年である。前半期すなわち「五・四」以前の運動は、もっぱら知識分子の側に立ち、後半期は、労農勤労人民の側へと立場を変えた。大戦後の世界革命の大勢及び国内状況が明らかに示したところから、私はこうした転変をなさざるを得なかったのである。（『陳独秀文集　第三巻』一五六頁）

陳独秀は、中国を取り巻く世界と国内の状況が、自分を啓蒙思想家から共産主義者に変えたと言うのである。

「終身の反対派」

日本の中国侵略がはじまる頃に政治活動から身を引いた陳独秀は、四川省に住んで静かな生活を送りながら言論活動を続けたが、アジア・太平洋戦争がはじまった翌年の一九四二年五月に亡くなった。初期の華やかな活動時期と違い、晩年は世間からほとんど注目されることなく舞台を去ったのである。啓蒙思想活動、共産主義運動、文学、漢文詩作と多方面に広がった多彩な活動のなかで、啓蒙思想家としての陳独秀の評価については、横山宏章の次の見方が参考になる。

陳独秀から見ると、四億の民は孔教（儒教）的秩序によってがんじがらめに縛られており、まさに自由な人間の本質を発揮できない自己喪失に陥っている。この民を解放しなければ、中国を真に解放できない。だから中国を真に解放する原動力は、解放された民＝個人である。こうした新しい個人（＝いわゆる市民）を創出するために「デモクラシーとサイエンス」を革命スローガンに掲げた。いわば西欧啓蒙思想で自己変革、自己改造した新しい個人が形成され、彼らの意思と行動によって新しい社会や国家が建設される。これこそ陳独秀がイメージした革命であった。

（『陳独秀の時代』四五八頁）

これに、筆者が付け加えるべき言葉は一つもない。

それでは、陳独秀の性格、すなわち人間像はどのようなものなのだろうか。陳独秀は晩年に、自分の活動を振り返って、あらゆるものに「反抗」したと語っている。陳独秀と政治的立場が違ったとはいえ、生涯の盟友だった胡適は、「終身の反対派」と呼び、「戦闘的で、畏れを知らない個人主義で、いかなる因習や権威も容認できない」、それに、「論争を好む傾向」と「強い党派主義の嗜好」を持っていたとみている。そして、啓蒙思想活動時代の仲間の一人は、「彼の言葉は峻利で、切れ味が良い。性格はせっかちで、他人とあわず、往々にして他人からも受け入れられなかった」と観察している。二人の証言から、陳独秀の性格がどのようなものだったのか分かるが、啓蒙思想が教えるように、あらゆるものを批判的にみて反抗すること、これが陳独秀の活動を支えたエネルギー源だったのではないかと思われる。

3 アメリカとの協調——胡適の台湾支持

アメリカに七年の留学

次いで、陳独秀とともに新文化運動を牽引し、国民党と共産党が対立して中国と台湾の分断国家になると、「国民党＝台湾」を選択した胡適の言説をみる。

胡適（一八九一〜一九六二年）は、下級官僚の子として江蘇省で生まれ、一九一〇年（一九歳）に、アメリカ政府の「義和団賠償金奨学金プログラム」を得てアメリカに留学した、西欧型教育を受けた知識人である。第一回は一九〇一年で、胡適は第二回の七〇人が選ばれたうちの一人だったが、この年は辛亥革命の一年前で、辮髪のまま留学したという。最初はコーネル大学で農業を学んだが、哲学者ジョン・デューイのプラグマティズムに深く傾倒して、哲学を学ぶために一九一五年にコロンビア大学大学院に進学して博士号を取得するなど、合計で七年滞在した。留学中にアメリカのある雑誌は、胡適を、「中国人学生の驚くべき例外。英語圏の英語を話すすべての学生に英語で優る。コーネル大学で英語の一等賞を取ったことのある唯一の中国人学生。文学栄誉賞のほかに、哲学奨学金も授与された」、と紹介しているが、この記事から胡適が並外れた俊才だったことがわかる。第一次世界大戦中の一九一七年に帰国すると、陳独秀の推薦もあり、二六歳の若さで北京大学教授に就任し、陳独秀とともに新文化運動の旗手になったのである。

胡適の近代西欧文明を見る眼はアメリカで養われたものであり、留学中に、「近代西欧文明が人間の心霊の要求を満足させることができる程度は、東洋の旧文明が夢見ることができるものではない。近代西欧文明は決して唯物的なものではなく、理想主義的、精神的なものである」、と述べている。アジアの啓蒙思想家の多くが西欧で近代西欧文明に接したなかで、胡適はアメリカで会得したのである。これが重要なのは、この青春時代を送ったアメリカへの強い思い入れが、アメリカに対する揺ぐことのない信頼と、後に中国と台湾の分断国家となった時に、アメリカが支える国民党（台湾）を選択した要因の一つになったことである。

「成熟していない革命には賛成しない」

胡適は中国を変革するために、陳独秀と一緒に儒教批判を行ったが、一九三〇年代に国民党が儒教思想の復興を試みると、普段の理智的な言説からは想像できないような怒りを爆発させて、次のように糾弾した。

　憐れむべき信念のない老革命党だ！　あなた方は革命をやろうとし、現在、革命はこの二十年で空前の進歩を遂げたが、あなた方はかえってそれが分かっていない。この二十年の少しの進歩は孔夫子の賜物ではなく、みなが革命に努力した結果であり、みなが新しい世界の新しい文明を受け入れた結果なのだ。ただひたすら前に向かって歩むことこそが、希望のあることなのだ。

（グリーダー／佐藤公彦訳『胡適１８９１－１９６２』三九三頁）

啓蒙思想のただ進歩あるのみという教えに従って、国民党の思想的後退を批判する言葉は、胡適がいかに近代西欧文明で中国人の意識変革に情熱を注いだかを語っている。アメリカ人の中国研究者のジェローム・グリーダーは、中国を変革するための胡適の基本姿勢について、「中国の根本問題は政治的なものではなく、社会的、思想的なものである。文化の再生が政治の再建よりも先んじなければならない、という考えを固持していた」、とみているが、これが一九二〇年代初めに、胡適が陳独秀と決別した理由でもあったのである。胡適は、近代化は何よりも中国古来の価値観と考え方の変革のことであり、それは政治や経済や軍備の近代化よりもはるかに重要だと考えたのである。

注目されるのは、この立場が中国革命について、「わたしは成熟していない革命には賛成しない。それは浪費的で実りの無いものだからである」、という批判につながったことだった。重要なのは、この批判の背後に、「わたし個人の考えは、何が起ころうとも、まず人民を教育して、未来の世代がその上に築き上げるための土台を造ることにある」、「ゆっくりしたプロセスが進化にとってと同様に、革命にとっても必要なものである」、という考えがあったことである。何事も一気呵成に成し遂げようとした性急な性格の陳独秀と違い、胡適は穏健な性格の改革者であることが分かる。

胡適が中国革命を批判したのは、これに加えて、愛国はたいへん良いことだが、国家の上にはさらに大きな目的が存在していること、さらに大きな組織があることを知るべきだ。ゴルドウィン・スミスが言うところの「万国の上になお人類がある」というのがそうである、という主旨を述べたように、胡適は民族主義者であると同時に、コスモポリタンでもあったのである。

ここでも重要なのは、この意識が、アメリカが主導する国際社会と連携して中国の改革を進めるという考えに繋がったことであり、アメリカ留学中に中国が採るべき道について、次のように語っている。

> われわれが教育を興し、われわれが地下資源を開き、われわれが文明を進ませ、われわれが内政を治めること、これが対内的な道である。外に対しては、力《つと》めて人道主義を持して、個人の名義と国家の名義を以て、力めて西洋強権主義の非人道的、非キリスト教的な道を斥ける。一方、

胡適

1891年　江蘇省に生まれる
1893年　父の仕事で台湾に住む
1910年　アメリカに留学
1917年　帰国し北京大学教授になり、『新青年』に「文学改良芻議」発表
1927年　日本に旅行
1938年　駐米大使として渡米
1946年　北京大学学長に就任
1949年　アメリカに亡命
1958年　台湾で中央研究院院長に
1962年　台北で死去。70歳

極力平和の説を提唱し、アメリカと力を合わせて国際道徳を鼓吹することである。国際道徳が進化するとき、世界ははじめて本当に進化したと言えるのであり、そして吾が国もはじめて本当に平和の福を享けることができるのである。（『同』一〇八～一〇九頁）

啓蒙思想家としての胡適にとり、アメリカがキーワードなのである。その意味は、アメリカで近代西欧文明を知ったことに加えて、アメリカと協同して中国の改革を考えたことにある。

毛沢東への長文の電文

政治を語らないことを自分に言い聞かせていた胡適だが、それを破ったことがあった。一九四五年に日本が敗戦すると、滞在先のアメリカから中国共産党指導者の毛沢東に長文の電文を送ったことは、その一つである。電文の内容は次のようなものだった。

潤之《じゅんし》先生［毛沢東の字］。先ごろ新聞に、傅孟真《ふもうしん》［傅斯年《ふしねん》、一九四五―四六年北京大学代理校長］の、兄が胡適によろしく伝えてくれと言っていた、という言葉が載っているのを見て、旧交を懐かしく感じ、思慕の念に堪えませんでした。……中国共産党の諸公は今日、世界の形勢を詳しく観察して、中国の前途を大切にし、過去の事を忘れるように努力して、将来を展望し、思い切って決心して、武力を放棄し、中国のために武力に頼らない第二政党を作ることを準備すべきだと思う……。公らがもしこの決心ができるならば、国内の十八年間の紛糾は一朝に解決し、公らの

二十余年の努力もみな内戦によって完全消滅することにはならないでしょう。（グリーダー『胡適1891－1962』四一二頁）

この電文は、共産党が武力ではなく、今後は議会の場で国民党と競うことを説いたものであり、議会制民主主義を信奉する胡適の面目躍如というところである。この背景には、蔣介石と毛沢東が一九四五年八月末に、内戦を避けて新国家を建設するための協議を開始し、同年一〇月の「双十協定」で合意に達したことがあった。それにしても、なぜ胡適が自戒を破ってまでも、共産党に武力闘争を止めるように働きかける政治行動を採ったのかという疑問がおこる。その理由は、何よりも、革命にともなう社会混乱を厭う胡適にとり、再度中国が内戦の混乱に陥ることを座視できなかったためではないかと思われる。しかし、実際には、一九四六年六月末に両党の武力決戦の内戦がはじまり、胡適の提言は何の効果もなかったのである。

それから約一〇年後の一九五四年に胡適は、この時の行動について、「自分は、膨張する理想主義の時代の国内政治、国際政治について、あまりにナイーブだった。対日戦争勝利の日の直後に長い無線電報を重慶に送り、自分の以前の学生だった毛沢東に転送してくれるように頼んだ。重慶の友人は電報で、わたしのメッセージは正しく毛沢東個人に届けられたと伝えてきた。しかし、今日まで返事は受け取っていない」、という趣旨の自省を行っている。毛沢東が自分の学生だったというのは、胡適が北京大学教授だった時に、大学図書館助手として働いていたことを言ったものだが、湖南省の農民出身の毛沢東は胡適にすげなく扱われて、好い印象を持たなかったという。ともあれ、このエピソードは胡適が、「勝つか負けるか」、「生か死か」という性格を帯びた革命を理解できなかったこと、政治の世界ではなく思想の世界の住人だったことを語っている。

「国民党＝台湾」を支持

中国が、共産党が支配する中華人民共和国と国民党が支配する台湾の分断国家になると、胡適は台湾を支持した有力啓蒙思想家の一人だった。胡適の国民党との関わりは、一九三七年に日本が中国を侵略すると、国民政府支持を表明して、ブレーンになったことではじまったもので、翌年に駐米大使に任命された。その後、解任されると中国に戻り、行政院高等顧問に就任し、一九四六年に北京大学学長になった。一九四九年に共産党が内戦に勝利する直前にアメリカに亡命したが、五八年に台湾に居住して中央研究院院長に就任し、六二年に亡くなった。なぜ、胡適は国民党＝台湾を選択したのか、それは心中の深い葛藤の結果だったのである。

共産党が内戦に勝利した一九四九年に胡適は、長年の友人である駐中国アメリカ大使と会い話をしたが、アメリカ大使は会談の内容を国務長官に次のように報告した。

胡との会話は特に悲しくさせるものでした。というのは、かれは蔣政府に忠実であろうと試みることで、自分が愛国的理想主義の最良のタイプであることを示したからです。胡の議論は、共産主義は非常に無慈悲で不寛容である。その思想を教え込むことにおいて悪魔のように徹底的で、かつ中国でその全体主義的支配を強要する過程においても大変情け容赦の無いものである。

だから、蔣介石は欠点があるにもかかわらず、支持されなければならない。というのは、かれ一人だけが、この点をきちんと見て、それと妥協せずに抵抗し続けてきたからだ。…というものでした。（グリーダー『胡適1891－1962』四二六～四二七頁）

このアメリカ大使の報告は、当時アメリカが、ソ連とイデオロギー的、経済的、軍事的に全面的に対立した冷戦のなかで、ソ連に支援された中国共産党の排除と、蔣介石率いる国民党の支援を国策にしていたことを考慮すると、割り引いてみる必要があるが、それでも、なぜ胡適が国民党を支持したのかその理由を窺うことができる。胡適本人はそれが留保付きであったことを、「国民党がもし孫中山先生の遺教をひっくり返さないのであれば、遅かれ早かれいずれは民主憲政の途を歩まなければならなくなる。そしてそのように民主憲政を歩む過程においては、国民党は党外の国事に関心を持つ人々の好意的な賛同を得ることができるだろう」、と述べている。これが語ることは、議会制を信奉する胡適が、国民党の民主主義政治に一縷の望みを託したこと、これが国民党支持に繋がったことである。台湾が、国民党の一党独裁体制から民主主義体制になるのは、一九八〇年代の民主化運動によってである。

「反啓蒙思想・反自由主義」勢力の巻き返し

中国の啓蒙思想運動は一九一〇年代後半に全盛を誇ったが、二〇年代はじめに主導者の陳独秀が共産主義に転換するなどして、その旗を掲げる人びとが少なくなり、胡適などが孤軍奮闘する状態にあった。一九三〇年代になると啓蒙思想活動は衰退したが、これは、単に担い手がいなくなっただけでなく、反啓蒙思想・反自由主義勢力が巻き返した結果でもあったのである。二人の言説をあげてみよう。

陳独秀が啓蒙思想活動を行った時の中国を代表する思想家の一人に梁漱溟《りょうそうめい》（一八九三〜一九八八年）がいた。彼は辛亥革命に参加したが、その後、出家して仏教研究に従事し、北京大学のインド哲学講師になったユニークな思想経歴の持ち主である。梁漱溟は儒教にも関心を寄せて、一九二二年に西欧文明に対する中国文明の優越を論じて、次のように述べた。

われわれは以前に、西洋人は先ず（自）我の観念を有していたから、本性的な権利を要求したのであり、個性を伸ばすことに到達し得たのである、と言った。しかしここから、それぞれの個人の間に境界がはっきり引かれなくてはならなくなり、口を開けば、やれ権利だ義務だ、法律関係だと、誰も彼もがみなけりをつけようとし、しまいには親子夫婦の間でさえそのようなことが起っている。このような生活は実のところ理に合わないことで、実はまことに苦しいものである。中国人の態度はまさにこれとは正反対である。西洋人は理智をもってやろうとするが、中国人は直観——すなわち情感をもってやろうとするのである。（グリーダー『胡適1891−1962』二〇六頁）

梁漱溟は啓蒙思想の合理主義精神と理性を批判して、腐敗していないかたちの「中国的態度」、すなわち、儒教の復興を唱えたのである。

啓蒙思想を批判する隊列に、孫文の死後、国民党指導者になった蔣介石も加わり、一九四〇年初めに次のように述べた。

「五四」以後、自由主義（民主《デモクラシー》）と共産主義の思想が国内に流行した。かれらは、中国文化に対してみな、その「変」を求めるだけで、その「常」を知らない者だった。かれらは西洋文化に対してみな、その形跡を模倣するだけで、その精義を求めて中国の国計・民生に裨益させようとはしなかった。そのため、一般の文人・学子（つまり、伝統的な士紳階級の生き残り）をして自尊心と自信を喪失させた。その流行の風が至った所では、一般の人は西洋のものは何でもみな良いもので、中国のものは何でもみな悪いのだと考えるようになった。……がしかし、……かれらの思想と主張は、客観的にはわが民族の心理と性情には根本的にふさわしくないものである。

（『同』四四一頁）

かくして、一九三〇年代になると、中国の伝統思想を信奉する守旧派勢力が巻き返して、啓蒙思想活動は終わったが、グリーダーはその原因を、「中国人の生活が力によって作り上げられていたなかで、自由主義は理性によって生きることを要求したこと」、すなわち、「中国人の生活が暴力と革命に満ちていたのに、自由主義は暴力と革命という大きな問題に何らの答えもだせなかったことにあった」とみている。グリーダーが指摘する自由主義と理性は、まさに啓蒙思想のエッセンスなのである。

共産主義者のフランスにおける「勤工倹学」運動

啓蒙思想が衰退したのは、それとは別の近代西欧文明に依拠した「変革思想」が登場したからでもあった。陳独秀が新たな軸足にした共産主義がそうである。ここでは、中国の共産主義者が毛沢東のように国内で育っただけでなく、一部の人びとは西欧の地で育て上げられたものであることをみてみたい。

二〇世紀はじめに、中国の変革を考える若者の間で、フランスで働きながら学ぶ「勤工倹学」運動がおこり、一大ブームになった。これは、フランスで無政府主義思想に触発された中国人の運動家が、フランスが募集した労働者教育のための会を仲間と一緒にパリに設立し、中国に留学のための予備校を開設したことではじまったもので、第一次世界大戦後の一九一九〜二一年に、約一一〇〇人がフランスに渡った。フランスの意図は、安価な賃金の中国人を雇用することで、労働力不足を補うことにあった。これが注目されるのは、一部の留学生が滞在中に共産主義を受け入れて、後に、中国共産党の指導者になったことにある。

中華人民共和国成立後に首相に就任した周恩来はその一人で、フランス留学前に日本留学の経験を持つが、一九二〇年にフランスに渡った。その目的を、「実学を求め自立し、かの国の社会の真実と問題解決の道を理解し、それをわが民族に応用する」ことにあったと述懐している。周恩来は一九二一年に中国共産党に加入し、二四年に帰国した。もう一人が、一九七〇年代末に中国共産党の実権を握って、資本主義型の「改革・開放政策」を推進した鄧小平である。周恩来と同じ一九二〇年にフランスに渡り、鉄工場やゴム工場などで働きながら勉学して、滞仏中の二四年に中国共産党に加入した。そして、一九二六年に共産主義理論を学ぶためにソ連のモスクワに行き、同年に帰国した。それだけでなく、陳独秀の二人の息子もこの運動に参加し、一九二〇年にフランスに渡って共産主義を受け入れ、ソ連経由で二五年に帰国している。ただ二人とも帰国後、国民政府に逮捕されて処刑された。

現在、中国とベトナムは、アジア、というよりも世界を代表する社会主義国だが、両国ともに一部の有力指導者は、西欧でその政治思想の「養分」を吸収したもの、換言すれば、西欧の地で共産主義者として育ったのである。周恩来と鄧小平、それにベトナムのホー・チ・ミンの三人は、一九二〇年代前半にフランスに滞在したのである。

陳独秀後の中国が歩んだ道

陳独秀が、啓蒙思想活動と政治運動の舞台を退いた後、表舞台で活躍したのが、孫文の後継者となった蔣介石が主導する国民党、それに、一九三〇年代に毛沢東が主導権を握った中国共産党だった。政治イデオロギーと志向する国家タイプが違う二つの勢力は、国民党が、形式性が強いとはいえ、西欧型の「民主主義国家」を志向し、共産党がソ連型の「社会主義国家」を志向して、主導権を巡り熾烈な抗争を繰り広げたが、一九三〇年代に日本の中国侵略が本格化すると日本との戦いも強いられた。

一九四五年に日本が敗れると、国民党と共産党のどちらが支配権を握るのか最後の決戦が起こった。当初はアメリカの軍事的、経済的支援を受けた国民党が優勢だったが、その後、ソ連の支援を受けた共産党が反攻に転じて、一九四九年四月に国民政府の首都南京を陥落させると、同年一〇月に中華人民共和国成立を宣言した。敗れた国民党は台湾に逃れて中華民国を維持したので、分断国家になり、これは二〇二一年現在も続いている。

現在、中国を支配しているのは中国共産党であり、その理念は共産主義に置かれて、陳独秀が唱えた民主主義とは異なるものである。マクニールは、なぜ共産主義なのか、その歴史的要因を次のようにみている。

一九〇五年、帝国の官吏登用手段として古くから行われてきた国家試験が廃止されて以来、中国の知的、政治的指導者たちのほとんどは儒教に背をむけた。かつては古典を習得するはずだった学生たちは、そのかわり西欧式の学校に殺到した。多くが日本の学校に留学し、米国やヨーロッパに渡る者もいた。……一握りの中国人たちは熱心に西欧の科学と技術を習得したが、政治的にも軍事的にも不安定なこの国では、科学技術の発展には大きな困難がともなった。……中国社会を構成する人々の大部分は圧倒的に農民であり、政治の不安定、人口過剰、貧困という悪循環にはまりこんだままであった。中国の厖大な農民人口が真の意味で新しい思想と技術に接触できたのは、ようやく一九四九年になってからであった。したがってその思想には、国民党のそれではなく共産党の刻印がおされていたのである。（『世界史（下）』二六五〜二六六、二六七、二六八頁）

マクニールの叙述は、二〇世紀前半における陳独秀をはじめとする中国の知識人の心理と行動を手際よく纏めている。陳独秀が一時期、唱えた啓蒙思想（民主主義）が実を結ばなかった原因は、それが一部知識人の間にとどまり、国民の多数を占める農民に及ばなかったことにあったとみたのである。

三つの「中国世界」と「西欧」

現在、「中国世界」が政治的に、中国、台湾、香港の三つの地域に分かれているなかで、三つの地域と「西欧」との関わりがどのようなものか、一言で言うと次のような図式になる。共産党が支配する中国は「反西欧」、一九八〇年代に民主化した台湾、それに二〇世紀末までイギリス植民地だったことから、西欧の伝統が今も強く残る香港は「汎西欧」、というのがそうである。とはいえ、政治は「反西欧」の中国も、経済は資本主義を原理にしているので、「汎西欧」になり、入り組んだ状況にあるのが実情である。中国が独自の国創りを進めているなかで、それが近代西欧文明とどのような関わりがあるのかは、終章で考えてみる。

本章でみた陳独秀と胡適の啓蒙思想家に対する中国共産党の見方は、次のようなものである。陳独秀の場合、啓蒙思想活動に対する評価がまったくないだけでなく、中国共産党の創設者であるにもかかわらず、書記長を解任されると、党を厳しく批判したこともあり、共産党史における評価はさほど高くない。しかし、自国を変革しようとした啓蒙思想家に焦点を当てる筆者の眼からすると、陳独秀が自由と平等を追求した思想家だったことは間違いないのである。

胡適の場合は、晩年に台湾を支持したこともあり、共産党は国内の自由主義的知識人を排除する目的で、一九五〇年代に大規模な胡適批判キャンペーンを行って、胡適の政治思想や歴史観などを批判した。しかし、これを裏返すと、共産党が、胡適が中国を代表する自由主義者だったことを認めていること、当時、中国の一部知識人の間に胡適の影響力が残っていたこと、を語っている。一九八〇年代になると、胡適の芸術・文化分野における近代化活動が評価されつつあるといわれているので、啓蒙思想家に対する中国共産党の評価と見方は、時代とともに変化しているのである。

第二章

それは私の一生の望みです！

インドネシア　カルティニとハッタ

インドネシアでは現在、4月21日は「カルティニの日」として休日になり、その名を冠したイベントが多く開催され、新聞には、その生涯を辿るコラムや「現代のカルティニ」紹介など様々な記事が掲載される（2021年4月21日、22日刊より）。提供・岸美咲

オランダの植民地になったインドネシアで、民族意識が形成されて独立運動がはじまるのは一九一〇年代のことであり、担い手集団は、イスラーム勢力と西欧型教育を受けたオランダ留学生、それに共産主義者などだった。しかし、その「先駆者」とも言える人物がいた。インドネシアの歴史文化の中心地ジャワに生まれた若い女性カルティニがそうである。カルティニはジャワ人貴族の娘として生まれ、二〇歳代前半にオランダ人とのオランダ語の文通を通じて近代西欧文明を知ると、自立意識に目覚めて、自分の意識変革とインドネシア人の自立を説いた啓蒙思想家である。これもあり、独立後のインドネシアでは、「民族覚醒の母」とか「女性解放の先駆者」と呼ばれている。

ただ、カルティニは二五歳の若さで亡くなり、本書でみる啓蒙思想家や、インドネシアの多くの独立運動家のように、強いインパクトを与えたわけではない。存命中はほぼ無名の存在だったが、死後に出版された書簡集によって、二〇世紀初めのインドネシアで自立意識を得て、インドネシア人の旧態依然たる意識や因習を変革しようとした苦闘が広く知られるようになったものである。そのためカルティニを、民族主義に立脚して自国の自立を唱えた啓蒙思想家として扱うことに違和感を覚えるかもしれないが、しかし、その短い人生における言説は、啓蒙思想のエッセンスである合理主義精神と自立意識に溢れていること、それに基づいてインドネシアを変革することを試みたことから、本書が考える啓蒙思想家の要件を満たしている。

本章は、最初に、オランダの植民地化、統治体制と教育制度の特徴、インドネシアの民族意識の形成と独立運動の概要をみる。そして、カルティニと比較するために、オランダに留学して近代西欧文明を受け入れた、独立運動指導者のハッタの西欧を見る眼をみておく。その後、カルティニの自己変革とインドネシア人の意識を変革しようとした言説を検討する。

1　オランダの植民地教育と「文明化」

インドネシア・ジャワの民族文化

インドネシアは東南アジアの広大な海域に広がる、一万三〇〇〇を超える大小様々な島からなる島嶼国で、インドネシア各地に様々な民族が住み、多様な民族文化がある。そのなかで、国土面積の七パーセントに過ぎないが、人口の六〇パーセントほどを占めて、現代インドネシアの政治と経済の中心であるジャワの民族文化、それにイスラーム文化が二大文化といえるものである。

ラデン・アジェン・カルティニ

1879年　ジャワの名家に生まれる
1885年　ヨーロッパ人小学校に入学
1892年　婚前蟄居のため退学
1899年　オランダ人と文通を始める
1903年　レンバン県知事に嫁ぐ
1904年　産褥熱のため死去。25歳

ジャワの民族文化には次のような特徴がある。インドネシア（ジャワ）も、他の東南アジア諸国と同様に、インドのヒンドゥー教と仏教の強い影響を受けた。これをよく語るのが、ジャワに登場した最初の有力王朝国家で、八世紀中頃に中部ジャワに創られたシャイレンドラ国が、世界最大の仏教遺跡のボロブドゥールを造ったことである。その後、インド文化の影響を受けたジャワ舞踊、音楽のガムラン、人形影絵芝居のワヤンなど、ジャワ特有の民族文化が生まれた。言語は、南インドの影響を受けた古代ジャワ語、イスラームの影響を受けた中世ジャワ語、アラビア語の影響を受けた近代ジャワ語があるなかで、ジャワ語は五つの階級語を持ち、話すさいは、常に自分と相手の年齢、性別、身分の違いを意識して、適切な言葉を使うことが要求されるなど、ここでも独特なものが生まれた。これらの民族文化がジャワ人の社会生活を彩るとともに、その行動を規定してきたのである。

イスラームは、一四世紀にインドネシアに伝播すると、ジャワ人をはじめインドネシア各地の人びとが受け入れたもので、これ以降、敬虔なムスリムは戒律やイスラームの慣行を遵守するようになり、現在ムスリムは国民の八七パーセントほどを占めている。ただ、中東など世界各地のイスラーム社会との違いは、インドネシアの場合、まず、土着民族文化（ジャワなど）の基層があり、そこに、仏教、ヒンドゥー教、イスラームが伝播したもので、新しい宗教の流入にともない、それ以前の宗教の慣行が消滅したのではなく、部分的にそれが残り、その上に新しい宗教の慣行が加わった「重層構造」であることに特徴がある。したがって、ジャワ人の場合、ジャワの民族文化慣行と、イスラーム慣行の二つが規範なのである。カルティニはこの二つの規範と格闘することになる。

インドネシアの植民地化

一七世紀にオランダの植民地化がはじまったが、ただ、他の西欧諸国もインドネシアに関心を持った。その理由は、西欧諸国の東南アジアへの到来は、インドネシア東部のモルッカ諸島（現在のマルク諸島）からはじまったものだが、同島で、ヨーロッパでは貴重な香辛料が産出されたことにある。香辛料を求めて、ポルトガル、スペイン、イギリス、フランスと有力西欧諸国がモルッカ諸島の支配を目指したなかで、他国の排除に成功したのがオランダだったのである。

香辛料貿易に従事したのは、一六〇二年に設立されたオランダ東インド会社で、同社は、現代の用語で言えば一民間貿易会社にすぎない。しかし、軍艦や軍隊を持ち、オランダ政府から武力行使や条約締結権を与えられるなどの特権を持った、いわば「ミニ国家」に相当するものだった。同社は香辛料貿易を独占するために、一六一一年にジャワのバンテン国から北部海岸のバタヴィア（現在のジャカルタ）の港を借り、ここを拠点にモルッカ諸島を支配下に置いたのである。

その後、東インド会社の関心はジャワなどに広まったが、モルッカ諸島での香辛料貿易の重要性が低下すると、人口が多く資源も豊かなジャワに眼を向けたからである。一六七八年に有力王朝国家のマタラム国の王位継承を巡る内紛に介入して、西洋兵器を使って対抗勢力を鎮圧すると、その見返りとして西部ジャワの一部領土と貿易権を得た。これを端緒に、マタラム国のさらなる内紛への介入や、ジャワ各地の王朝国家を征服するなどして、ジャワを支配下に置いた。その後、スマトラなど他の地域も征服・支配下に入れて、一九〇四年にインドネシア植民地が完成したのである。

このように、植民地化は東インド会社の手で行われたが、しかし、イギリスなどとの貿易競争や会社職員の汚職、それに、増大した軍事費などにより会社の財政が悪化すると、オランダ政府は一七九九年に同社を解散させて、インドネシアを直接統治下に置いたのである。東インド会社の統治から本国政府の直接統治に転換したのは、インドを植民地にしたイギリスも同様だった。ただ、植民地時代はインドネシアではなく、「オランダ領東インド」と呼ばれ、インドネシアの呼称が登場したのは二〇世紀に入ってのことである。

苛酷な「強制栽培制度」

これは、すべての植民地宗主国に言えることだが、オランダはインドネシアで最大限の経済利益を獲得することを試みた。そのためにジャワで導入された極めて苛酷な制度が、一八三〇年にファン・デン・ボス植民地政府総督が実施した「強制栽培制度」である。この背景には、オランダ本国の財政事情が悪化したことから、それを補うためにインドネシア(ジャワ)で最大限の収益を上げることがあった。制度の要点は、これまで主に稲作を営んでいたジャワ農民に対し、村単位で約二〇パーセントの農地にコーヒー、砂糖、藍、香辛料、茶、タバコなど、主にヨーロッパ市場向け一次産品栽培を行うことを義務付けて、政府が決めた安い価格で買い付ける、というものである。後には、スマトラなどにも拡大された。

この結果、ジャワは実質的にオランダ経営の巨大国営プランテーションになった。というのは、栽培する作物の種類や量、土地の選定、労働者の確保などが、オランダ人官僚からインドネシア人官僚を経て村長に伝えられ、栽培も村単位で管理されて、オランダが栽培品を農民から買い上げ、国策会社のオランダ貿易会社が世界市場への輸出を扱ったからである。この重商主義的政策とジャワ農民に対する重税により、オランダ本国の財政赤字は改善されたが、しかし、制度の恣意的な運営や稲作を犠牲にした一次産品の強制栽培により、一部のジャワ農民が食糧を自給できなくなり飢饉に苦しんだ。その原因は、オランダが指定した作物の栽培を拒否すると鞭打ちの処罰が待っていたし、栽培は農地の二〇パーセントとされたが、なかには五〇パーセントを超える村もあったからである。より深刻だったのは、栽培実績に応じて、オランダ人官僚とインドネシア人官僚に報奨金が支払われたので、強制栽培制度が彼らの「役得」になったことだった。

植民地政府の副理事官を務めたオランダ人が、退官後の一八六〇年に、強制栽培制度下におけるオランダ人官僚とインドネシア人官僚の圧制、それに苦しむジャワ農民の姿を克明に描いた告発小説『マックス・ハーフェラール』を発表すると、オランダ社会に強い衝撃を与えた。これもあり作物の大半は一八七〇年に栽培が廃止されたが、収益性が最も高い西部ジャワのコーヒー栽培は、一九一七年まで続いたのである。

この間、強制栽培制度の効果を挙げることを目的に、オランダはジャワ島内部で栽培された一次産品を沿海部の港まで輸送する鉄道や道路の建設、それに郵便や電信などのインフラ整備を進めたが、とりわけ鉄道網の整備がジャワで進んだ。インドネシア全体でみると、一八八〇年の二〇〇キロメートルから一九〇〇年に一八〇〇キロメートル、二四年には四二〇〇キロメートルと飛躍的に伸びたなかで、その大半をジャワが占めた。この結果、インドネシアに西欧の物質文明が流入したが、鉄道など輸送用のインフラ整備が進められたのはインドも同様だった。

文明化の「倫理政策」

本書のテーマとの関連からして注目されるのが、オランダが、ジャワ農民の生活を悪化させた「強制栽培制度」への反省から、二〇世紀になると、一転して、ジャワ人の生活改善を支援する「倫理政策」に転換したことである。これは、一九〇一年にオランダのウィルヘルミナ女王が行った議会演説で、「オランダはキリスト教大国として、東インド諸島の原住民キリスト教徒の法的地位を改善する義務、キリスト教布教活動をより堅固に援助する義務、植民地の住民に倫理的使命を果たす義務がある」、そのために、「ジャワの原住民の生活水準の改善や行政の地方分権化に努力する」、と述べたことを受けてはじまったものである。

ここで強調されるべきことは、倫理政策の背後に、西欧諸国のアジアに対する差別的な眼があったことである。すなわち、「白人＝キリスト教徒＝文明国オランダ」が、「有色人＝非キリスト教徒＝野蛮国インドネシア」の闇をはらい、啓蒙して文明に導くという「白人の責務」（優越意識）が唱えられたことがそうである。カルティニ書簡集のタイトル『闇を越えて光へ』は、これを受けたものだったのである。ただこれは、オランダ人だけでなく、イギリス人やフランス人など西欧諸国に共通する眼でもあり、一六世紀前半にラテン・アメリカを征服したスペイン人も、その目的は、暗闇のなかに住む人びとに光を与えることにあると唱えた。啓蒙思想は、非ヨーロッパ世界に向けられると、このような形態を採ったのである。

倫理政策は、「福祉政策」と「自治政策」の二つからなり、福祉政策のスローガンが「灌漑、教育、移民」だった。この政策の下で、インドネシア人に教育を授け、無知の状態を改善して近代西欧文明を持たせること、ジャワ農民に対する農法改善の支援、人口稠密なジャワ島から土地が広大な他の島への移民奨励などが行われた。自治政策は、「原住民に自治を教えて、自治にたえうるように養成する」ことが目的で、統治行政の権限を、本国から植民地へ、首都ジャカルタから地方へ、オランダ人官僚からインドネシア人官僚に委譲することが目指された。この政策の下で、一九〇三年に都市評議会と州評議会からなる地方評議会、一八年にはインドネシア人の要望を取り入れて、総督の諮問機関として、一部の委員にインドネシア人を任命した国民参事会（フォルクスラート）が開設された。これは、インドでも同様だった。

しかし、結論をいえば、倫理政策は社会主義的意識を持ったオランダ人の一部の若手官僚に支持されたが、ほとんど権限を持たず、インドネシアの保守的な伝統的支配者が任命された国民参事会は、独立を志向する民族主義者を少しも満足させるものではなかった。形式的には一九四二年の日本軍のインドネシア占領まで続いたが、実質的には、インドネシア共産党が武装蜂起した二六年に終わり、これ以降は独立運動の弾圧政策に転じたのである。

成果を挙げることがなかった倫理政策が注目されるのは、次のことによる。植民地政府の一部のオランダ人官僚、それにオランダ本国の一部の政治家は、インドネシア人に教育をというカルティニの主張に関心を持ち理解を示した。なぜ、一少女の言動が重んじられたのか、その理由は、オランダが強制栽培制度による経済収奪から、倫理政策による「文明の啓蒙」に転換したまさにその時に、啓蒙思想の「申し子」とも言えるカルティニが彗星のように現れたことにあったのである。

オランダの統治制度

倫理政策とあいまって、オランダはインドネシアに西欧型行政制度を持ち込んだ。統治体系は一九世紀中頃にほぼ完成したもので、基本形態は、本国に植民地省と植民地大臣を置き、インドネシア総督（任期五年）がオランダ国王の名の下に統治する、というものである。具体的には、インドネシア総督を含む五人で構成される東インド評議会が総督の諮問に応え、オランダ人官僚とインドネシア人官僚が行政を担い、総督府はジャカルタの南に位置する現在のボゴールに、八つの中央省庁はジャカルタに置かれた。

行政系統は、人口が多く最も重要なジャワの場合、州―県―郡―分郡―村の区分からなった。オランダ人官僚の階層は、総督を最高責任者にして、理事官（州長官）―副理事官（県長官）―監督官―監督見習官の序列で、これに対応して、インドネシア人官僚は、オランダ人の副理事官に対応する県知事（ブパティ）―監督官に対応する郡長（ウェダナ）―分郡長―各種属官の序列からなった。この行政制度の下で、日本がインドネシアに侵攻する直前の一九四一年には、七九の県、約四〇〇の郡、約一四〇〇の分郡が置かれた。この「二重行政」ともいえる体系は、実際の行政は県知事以下のインドネシア人官僚が実務を担い、オランダ人官僚は助言と指導を与えるだけの間接統治とされたが、しかし、実権が理事官などオランダ人官僚の手にあったことは言うまでもないことである。

この統治制度では、インドネシア人官僚の最高位は県知事であり、報酬は高給だった。オランダ植民地になる前のジャワの伝統的支配者は、プリヤイと呼ばれた貴族や宮廷官僚だったが、彼らがインドネシア人官僚に就いた。換言すれば、オランダはジャワの伝統的支配者を使って統治したのである。カルティニの父も中部ジャワの県知事を務めるなど、インドネシア社会の上流階層に属した。

西欧型教育の導入

西欧型行政制度の導入と並んで注目されるのが、インドネシア人の生活向上と意識改善のために西欧型教育が導入されたことである。学校は、インドネシア人向けとヨーロッパ人（オランダ人）向けの二つのタイプからなり、オランダ語で授業するヨーロッパ人向け学校の標準コースは、小学校（七年制）と高等市民学校（ＨＢＳ、五年制）だった。ただし、両校にインドネシア人上流階層の子弟などが例外的に入学を認められた。

インドネシア人向け国民小学校（五年制）は、ムラユ語（後のインドネシア語）で授業が行われ、住民全員ではなく、有力者の子弟が対象とされた。国民小学校数は、一八五四年はインドネシア全体で二〇校ほどだったが、倫理政策とともに増えて、一九〇〇年に一四〇〇校に、二〇年には四二〇〇校になった。これに対応して、生徒数も一九〇〇年の一〇万人から、二〇年に三六万人に増えた。一九一四年には、インドネシア人向けにオランダ語で授業を行う原住民学校（ＨＩＳ、七年制）が創設され、また、それまで、ごく一部のインドネシア人上流階層の子弟に限られていたヨーロッパ人小学校の入学枠も拡大された。

インドネシアの独立運動にとって重要だったのは、オランダが高等教育機関を導入したことである。一八五一年に初歩的な医療技術を教えるジャワ医師学校（ジャカルタ）、それに師範学校（スラカルタ）が設立されたことが、そのはじまりで、ジャワ人の伝統的支配者の子弟のために、三つの首長学校も開校された。一八九三年に、高等教育機関の目的はインドネシア人官僚の育成にあるとされて、法律、簿記、測量などの実践的教育が導入され、一九〇〇年に師範学校は原住民官吏養成学校と変更されて、首長学校が同校に組み込まれた。ジャワ医師学校も翌〇一年に原住民医師養成学校と改められた。その後、一九二〇年に工科大学（バンドン）、二四年に法科大学（ジャカルタ）、二七年に医科大学（ジャカルタ）が設置されて、インドネシア人向けの各種の高等教育機関が整備された。これらの大学は、後に創設された文学部や農学部などと共に、独立後の一九五〇年にインドネシア大学になったが、これも西欧の制度が独立後のアジアに生きていることを示す一つである。

いま、高等教育機関の導入がインドネシアの独立運動にとって重要だったと言ったのは、これらの学校で学んだのが、貴族官僚などの子弟であり、オランダ語教育を通じて、彼らの間に近代西欧文明が広まったこと、それに、彼らの間から独立運動指導者が登場したことにある。ここでは前者について言えば、インドネシア最初の民族主義団体を創った一人が、「知識はオランダ語の知識を通して入ってくる。オランダ語を知らぬ者はまだ進歩の海辺に立ったとはいえない」、と述懐していることは、これを裏付けるものである。

「インドネシア人」の誕生

次いで、インドネシアの民族意識の形成と独立運動のおおまかな流れをみる。インドネシアの国名は、インドネシア史のはじまりからあったのではなく、広大な領域に住む人びとは、ジャワ人（ジャワ語）、スンダ人（スンダ語）、バリ人（バリ語）、アチェ人（アチェ語）など、様々な民族と言語の国に分節していた。インドネシアの呼称は、オランダ植民地時代末期に登場したものであり、その経緯は次のようなものだった。

二〇世紀に入り、オランダ領東インドの住民の間で民族意識が高まると、独立運動家が、インドの島々を意味するインドネシアと呼ぶようになったことが、そのはじまりだった。具体的には、オランダのインドネシア人留学生が、一九〇八年に親睦団体の「東インド協会」を創り、二三年に呼称を「インドネシア協会」とし、二五年に協会の表記をオランダ語ではなくインドネシア語にしたことがそうである。同協会は、ハッタなどが加わると、植民地政府に対する非協力とインドネシアの独立を掲げて運動を開始した。

しかし、その前にみておくべきことは、オランダでの留学生の運動に呼応したかのように、インドネシアでも一九二七年に、スカルノがインドネシア国民同盟（翌年、国民党に改称）を創ったことだった。これが重要なのは、インドネシアの呼称が広く定着することになった出来事と深く関わったからである。すなわち、翌一九二八年にインドネシア国民党が主宰したインドネシア青年会議で、オランダ植民地に住む人びとは民族や言語などの違いを超えて、インドネシアが「一つの祖国、一つの民族、一つの言語」であるという「青年の誓い」宣言を行うと、これ以降、インドネシアの呼称が独立運動家の間で広まったのである。ただ、インドネシア語が普及するのは、独立後に国語となってからのことだった。

様々な民族主義団体の登場

インドネシアの独立運動の出発点は、原住民医師養成学校で学ぶ一部の学生が、一九〇八年に、美しい努力を意味する「ブディ・ウトモ」を創ったことだった。その目的は、教育の利益、農業などの発展、現地固有の文化と伝統の復興、人道主義的思想の支持、国民の福祉の増進に貢献すること、などとされ、これがインドネシア最初の民族主義団体だった。しかし、インドネシア人という意識も呼称もまだなかったし、運動の対象者がジャワ人に限定されていたこと、ジャワ人の官僚が団体の幹部を占めたが、彼らが保守的だったことから、ブディ・ウトモは植民地政府に協調的態度を採り、広くインドネシア人民衆の間に広まることはなかった。ただ同会は、オランダ人の倫理政策の推進者からは歓迎された。

最初の大衆的民族主義団体が、一九〇九年に中部ジャワの古都スラカルタで、ジャワの民族衣装であるバティクの業者が、ムスリムの相互扶助を目的に創った「イスラーム商業同盟（一二年に「イスラーム同盟」に改組）」である。同盟はジャワ以外の地域に住む人びとの間でも急速に賛同者が広がったが、その要因は、東部ジャワの商業都市スラバヤに住むチョクロアミノトが、一九一二年にイスラーム同盟の主導権を握ったことにあった。チョクロアミノトは、インドネシア人エリートが学んだ原住民官吏養成学校を卒業して植民地政府の官僚になったが、官僚の退廃を眼にすると三年ほどで辞任して日刊新聞の編集長になり、その後、イスラーム同盟に関わった民族運動家である。カリスマ的指導者チョクロアミノトの下で、同盟は最盛期には会員が二〇〇万人を上回ったが、しかし、彼が反オランダ行動を理由に拘留されると、運動は下火になった。

　これとは別に、一九一二年にヨーロッパ人とアジア人の混血者であるユーラシア人を中心に、独立を掲げた「民族東インド党」が創られたが、土着インドネシア人に強い影響を与えることはなかった。

　一九一〇年代に労働運動も登場したが、これは西欧の直接的な影響を受けたものだった。すなわち、一九一三年にインドネシアに来た、オランダ人の社会主義者スネーフリートの指導の下で、東インド社会民主主義同盟が組織され、その後、彼の指導を受けた鉄道労働者のセマウンなどにより、二〇年にインドネシア共産党が創られたものである。スネーフリートは、同党結成前の一九一八年にオランダ植民地政府によって追放されたが、二一年にコミンテルンから派遣されて、マーリンの名前で中国に渡り、インドネシアでの経験を活かして、陳独秀などを扶けて中国共産党の創設と国共合作を支援した。アジアで最初に創られた共産党となったインドネシア共産党は、一九二六年に西部ジャワ、翌二七年に西スマトラで反植民地を掲げて武装蜂起したが鎮圧されて、非合法化された。同党が再生するのは、独立後のスカルノ時代のことである。

オランダ留学組の独立運動

　インドネシア共産党に代わって独立運動を担ったのが、オランダ留学組だった。彼らはオランダで留学生の親睦団体として「東インド協会」を創り、ハッタなどが、それを政治団体に変え、呼称も「インドネシア協会」に改称して独立運動をはじめていた。

　同会は、国外に追放されたインドネシア共産党の指導者と接触し、一九二六年末にハッタとセマウンがオランダで会談して、インドネシア共産党が独立運動の主導権をインドネシア協会に委譲するという、秘密協定の「セマウン＝ハッタ協定」を結んだ。これは、アジアだけでなく世界の独立運動のなかでみても、異例のことだったが、しかし協定は双方に波紋を及ぼした。ソ連共産党の指導者のスターリンがセマウンを呼びつけて、協定は共産主義運動を民族主義運動の下に置くものだとして批判すると、破棄されただけでなく、セマウンは共産党とコミンテルンから除名された。ロシア革命後のヨーロッパの革命集団の間では、「民族主義」よりも「共産主義」が重視されたのである。ハッタも、共産主義者との接触を原因にオランダ当局に逮捕・勾留され、その理由は、当局が共産主義者の背後にいたのがハッタなどの留学生だったと考えたことにあった。

スカルノ（1901—1970）

このような出来事に遭遇しながらも、インドネシア協会は、一九二七年にベルギーで開催された「反植民地会議」にハッタなどを代表として送って、インドネシアの独立を訴え、同会議でハッタはインドのネルーと知り合った。インドネシア協会の運動はハッタなどが帰国すると衰えたが、独立運動が終焉したのではなく、留学生は帰国してインドネシアの地で運動を本格化させたのである。

独立運動指導者のスカルノ

独立運動の舞台がインドネシアに移ると、主役として登場したのがスカルノ（一九〇一～七〇年）だった。インドネシア共産党やインドネシア協会の活動とほぼ同じ頃に、スカルノはバンドン工科大学在学中の一九二五年に民族運動研究会を組織し、これを基盤にして、二七年にインドネシア国民同盟（翌年、国民党に改称）を創った。スカルノはジャワ人貴族の小学校教師を父に東部ジャワで生まれ、ヨーロッパ人小学校、スラバヤの高等市民学校を経て、開校まもないバンドン工科大学で学ぶなど、オランダが導入した西欧型教育機関で学んだインドネシア人エリートの一人である。実現しなかったが、父の夢はスカルノをオランダに留学させることだった。スカルノは大学で土木学を専攻し、卒業すると技師の資格を得たが、しかし、就職することなく独立運動を選んだのである。

独立運動指導者スカルノが誕生した契機は、高等市民学校で学んだとき、チョクロアミノトの家に下宿して民族主義や政治運動の手法を学んだことにあった。スカルノが創ったインドネシア国民党は、イスラーム同盟やインドネシア共産党の運動に参加した人びと、それに、オランダ留学組など、これまでの団体の大同団結を図ったものであり、当初は、法律家や医者や教師など西欧型教育を受けた中産階層が中心だったが、次第に農民や小商人や職人などが参加して大衆運動になった。スカルノは「ムルデカ」（独立）のスローガンを掲げて独立運動を開始したが、一九二九年に逮捕・投獄されると、恩赦が与えられるならば政治活動を止める、オランダに協力してもよいと発言した。これもあり、インドネシア国民党はスカルノ逮捕後の一九三一年に自発的に解党した。その後、独立運動の団体は、スカルノ系のインドネシア党と、オランダ留学組のハッタ系のインドネシア国民教育協会に分裂し、運動の進め方を巡ってスカルノとハッタの間で論争が起こったのである。

以上、簡単にみたように、二〇世紀に入ると、独立運動の担い手として諸々の団体や指導者が登場したのである。これから、カルティニの啓蒙思想言説を検討するが、その前に、オランダ留学組で独立運動家でも啓蒙思想家でもあるハッタの簡単な経歴と思想をみておく。

2 「留学組」の独立運動——ハッタの民主主義

生い立ちと経歴

モハマッド・ハッタ（一九〇二〜八〇年）は、スマトラ中部のブキティンギに生まれたミナンカバウ人である。父はハッタが生後八ヵ月の時に亡くなり、母親の手で育てられたが、叔父が父親代わりを果たした。叔父は手広く商売を営む経済的有力者だったが、敬虔なムスリムで、ハッタの教育について、国民小学校に入学し、夜は私塾でコーランを学ぶ、彼がメッカに巡礼に出かける時に同行して、メッカの宗教学校で学ぶ、その後、エジプトのカイロの名門校アズハル学院でイスラーム学を極めるという計画を立てた。このようにハッタはイスラーム社会の中で育ったが、しかし実際にはオランダ留学に向かったのである。すなわち、国民小学校の中途で、スマトラのパダンのヨーロッパ人小学校に転校してオランダ語とフランス語を学び、ジャカルタの高等市民学校を経て、一九二一年にロッテルダム商科大学に留学した。当初は、数年の予定だったが、オランダ留学は一九三二年に帰国するまで一一年に及び、この間に経済学修士号を取得した。

オランダから帰国した一九三二年に、インドネシア国民教育協会を拠点に独立運動を開始し、西欧の民主主義と個人意識の確立を唱えて、スカルノ率いるインドネシア党と独立運動の進め方や組織論を巡り激しい論争を繰り広げたが、これは「留学組」と「国内組」の主導権争いでも、独立後の国家形成を巡る路線争いでもあった。ただ、この時は独立運動に逆風が吹いており、一九三一年に、植民地政府総督に強硬派のデ・ヨングが就任して、弾圧政策に転じていた。スカルノは一九三三年に再び逮捕され、ハッタも翌三四年に逮捕されて、現在の西パプア州のボーフェン・ディグル（タナ・メラ）、その後、フローレス島に流刑にされた。流刑は一九四二年三月の日本軍のインドネシア占領まで続いた。

アジア・太平洋戦争がはじまって、日本がインドネシアを占領すると、ようやく流刑地から戻ったが、日本軍政への協力を余儀なくされたことは言うまでもないことである。一九四五年八月に日本が

モハマッド・ハッタ

1902年　スマトラに生まれる
1917年　スマトラ青年同盟で活動
1921年　オランダに留学
1932年　オランダから帰国し、独立運動に傾注
1934年　植民地政府により逮捕
1942年　日本軍により釈放
1945年　インドネシア独立宣言に署名。副大統領に
1948年　首相兼国防相に
1949年　首相兼外相に「ハーグ円卓会議」に団長として参加
1960年　『民主主義宣言』でスカルノを批判
1979年　『回想録』を刊行
1980年　ジャカルタで死去。77歳

敗戦すると、同年八月一七日にスカルノが独立宣言を行い、スカルノが大統領に、ハッタが副大統領に就任した。しかし、スカルノが独裁色を強めると、ハッタは一九五六年に副大統領を辞任して政治から身を引き、八〇年に亡くなった。

フランス革命を称賛

インドネシアの数多い独立運動家のなかでみたハッタの特徴は、オランダに一一年留学して近代西欧文明を受け入れたことにある。ハッタが近代西欧文明をどうみたのか、それは、「近世になってから西欧世界の形態は全く変わってしまった」が、その要因は二つある。「第一は、人間革命でもあるフランス革命、第二はイギリスで生まれた産業革命だ。フランス革命が個人を解放し、中世の奴隷社会を破壊したとすれば、後者は経済社会を全く変容させた」、というものだった。ハッタは近代西欧の特質としてフランス革命と産業革命の二つをあげたが、合理主義精神と科学が近代西欧文明を生んだと理解した点で、啓蒙思想家の顔を持ち、西欧諸国の利己中心主義と利益追求姿勢を批判した点で、反植民地の独立運動家の顔を持ったのである。そして、この二つのうち、後者の顔が次の言葉につながったのである。

こうして植民地との関係は対立の法則に支配される。この対立は植民する側と植民される側、二つの民族の生活上の必要なので、更に鋭いものになる。このような状況下で植民地が奴隷制度から解放される方法はただ一つ、強引に自ら独立する道をとることだ。独立を真に願う者は、この道を通らねばならない。……ヨーロッパ帝国主義は人類の利益のために終結させなければならないし、植民されている各民族は、植民化から自らを解放する義務がある。したがって、インドネシアは人道主義と文明化の原則により、独立を達成しなければならない。そして、これを実行する唯一の手段は、今まで見てきたように、力をもってする以外にないのではないかと私は考えている。（大谷正彦訳『ハッタ回想録』二〇九、二一〇頁）

フランス革命を称賛したハッタは、西欧の制度が武力革命のなかから生まれたものであることを知っていたのである。武力行使も辞さないという強い言葉で独立闘争を説いたハッタは、紛れもなく民族主義者だが、独立のさいの原理として人道主義と文明化を唱えたことは、啓蒙思想家でもあったのである。

啓蒙思想に依拠した運動・組織論

ハッタは独立運動を進めるにあたって、信念ともいえる二つの考えを持っていた。一つは、指導者論で、「英雄になるのは一人の指導者ではなく、インドネシアの民衆だ。一人の指導者がいかに有能で優秀であっても、民衆が願望と自覚を持たなければ民族運動は徒労に終わる。大衆の一人一人が闘争を行なっている」、と述べた。ハッタは具体的に名前を挙げていないが、これは「独裁者気質」を持ったスカルノを指したものだったのである。

もう一つは、西欧の運動がインドネシアの独立運動にも参考になるという確信である。

われわれは、西欧人の闘争が、労働者であると資本家であるとを問わず、理性的な基礎に立つものであることを学びえた。……われわれが西欧の理性的精神によって影響されていることを率直に認める。それゆえにまた、われわれにとって、非協力とはドグマや神秘信仰を意味せず、理性的な闘争方法、理性的な闘争の武器を意味する。……目下われわれは西洋人から学問を受け入れることを躊躇しない。西欧人の理性的闘争方式の模倣を躊躇するどんな理由があるだろうか。いわんや、われわれが西欧人と闘争するのであるならば！（土屋健治『インドネシア――思想の系譜』一四七、一四八頁）

「理性」の言葉を繰り返し使って、西欧の闘争方式でインドネシアの独立運動を進めることを説いたハッタが語ることは、一一年滞在したオランダ（近代西欧文明）が思想と運動の「血肉」になっていたことである。

筆者のこの見方を裏付けるのが、インドネシア地域研究者の土屋健治が、「ハッタは一一年オランダにいて西欧社会を知悉し、西欧の諸思想、とりわけ社会主義思想とその運動をわがものにしていた」、その「指導理念は感傷や感情ではなく理性的な現実認識に徹するもの、世界史の現実に則して啓蒙していくものであり、理性的な現実認識を主張するとき、それが西欧的合理主義を指していることは明らかである」、と述べていることである。インドネシアの独立指導者には、「民族主義」に重きを置くスカルノ、「共産主義」に重きを置く指導者などいくつかタイプがあったなかで、ハッタは、紛れもなく「理性」に重きを置く啓蒙思想型指導者だったのである。

ハッタとスカルノの民主主義を見る眼の違い

一歳違いのハッタとスカルノは、インドネシア独立運動の二大指導者だが、しかし、独立後のインドネシアの国家運営に関して本質的ともいえる見解の相違があった。ここでは、その例として、民主主義を見る眼を挙げてみたい。

スカルノは、独立に向けた憲法草案の議論において、西欧諸国の帝国主義、偏狭な民族主義の根源は、個人主義と自由主義型民主主義にあるとして、それを排除することを主張したが、この二つは、啓蒙思想のエッセンスでもある。このスカルノの主張をよく示すのが、議会制民主主義は五〇プラス一の多数の専制であると批判したことだった。実際に、スカルノは西欧の政治理念に反発し、独立後に議会制民主主義が混乱すると、一九五九年にインドネシアの民族文化慣行を基礎にした「指導される民主主義」の名のもとに、議会を解散し、政党活動を禁止して、大統領独裁政治を開始した。これは、スカルノが実権を失う六五年まで続いたのである。

対照的にハッタは、新生国家インドネシアの政治原理として、政党政治と議院内閣制を唱え、一九四五年一一月に政党設立の自由を認める副大統領布告を出し、一時期、副大統領に加えて、首相、外相、国防相を兼任するなど内閣の中枢を担い、それを実のあるものにすることに腐心した。一九五六年に、スカルノが指導される民主主義を唱えて政党活動を制限する戒厳令を発令すると、副大統領を辞任したが、これは議会制民主主義を信奉するハッタが、それを否定するスカルノに異議を唱えたことが理由だったと言われている。この例が語るように、「留学組」ハッタと、「国内組」スカルノは、民主主義を見る眼が対照的だったのである。

3　民族覚醒の母——カルティニが見た光

次いで、インドネシア民族運動の、いわば「先駆者」として、二〇世紀初めの数年間に登場して、瞬く間に消えていったカルティニの、啓蒙思想に依拠した自己意識の確立と、インドネシア社会の変革を試みた言説を検討する。

生い立ちと結婚

カルティニ（一八七九～一九〇四年）は、中部ジャワのジュパラ県マヨン郡に、ジュパラ県知事のソロスニングラットを父に生まれた、男三人、女八人兄弟の四女である。一族はジャワの名門貴族で、歴代当主はジャワ各地の知事職を務め、カルティニは結婚するまでの二三年を父の広大な知事公邸で過ごした。

デマック県知事を務めた祖父は西欧型教育に熱心で、男の子だけでなく女の子にも受けさせるために、オランダから専任家庭教師を招き、オランダ人の女性家庭教師は、知事職に就くための知識だけでなく、西欧式の生活様式や礼儀作法も教えた。カルティニの従兄弟や兄は、ヨーロッパ人向け高等市民学校で学び、叔父はオランダに留学し、カルティニより二歳年上の兄も留学して二〇年間ヨーロッパに滞在するなど、一族の眼はオランダ（近代西欧文明）に向いていた。これを語る一つが、当時のジャワ貴族は女の子を家の外に出さない慣習があったなかで、父の教育方針によりカルティニと姉妹もヨーロッパ人小学校に通ったことであり、女子の入学は極めて稀だったのである。これがカルティニにとり重要だったのは、小学校のカリキュラムがオランダ本国のそれと同じことから、オランダ語と近代西欧文明を学んだことにあった。

しかし、ジャワ貴族の間では女子が一二歳になると一定期間、家に閉じこもる「婚前蟄居」の慣習が根強く、その目的は、貴族の娘にふさわしい作法を学んで、結婚にそなえることだった。カルティニの父も彼女がその年齢に達すると、兄が通った高等市民学校への進学を許さなかった。カルティニはヨーロッパ人小学校の卒業を目前に中退して婚前蟄居に入り、四年間公邸の一室で過ごし、その後、二人の妹が加わって三人の婚前蟄居は一八九八年まで続いた。ただし、徐々に外出が許されて、一八九八年に即位したオランダ女王の戴冠祝賀式がインドネシアで開催されると出席している。カルティニはこの慣習に強く反発したが、もう一つ、猛反発した慣習が、当時、ジャワ貴族に一般的な一夫多妻制だった。

一夫多妻制に反発したカルティニだが、一九〇三年一一月に父の勧めに従って、オランダ留学経験を持つ貴族でレンバン県知事のジョヨアディニングラットと結婚した。夫は「進歩的人間」だったと言われているが、正妻のカルティニの他に、三人の副妻と、七人の子供がいた。これは、カルティニの意に反したものだったが、娘が結婚して幸せになることを望む父を失望させることはできなかったのである。結婚から約一年後の一九〇四年九月に男の子を出産したが、四日後に産褥熱のために二五歳の若さで亡くなった。残された一人息子のスサリットは、高等市民学校で学び、独立後にインドネシア国軍少将となり六二年に亡くなっている。

オランダ人との書簡集『闇を越えて光へ』

夭折したカルティニの名前が、インドネシアと世界に広まったのは、死後七年を経たのちだった。カルティニは生存中に多くのオランダ人とオランダ語の手紙をやり取りしたが、一九一一年に手紙の一部の一〇五通が（文通相手は一〇人）、カルティニと交流したオランダ人の元植民地政府の教育・宗教・産業長官アベンダノンによって編集されて、『闇を越えて光へ』のタイトルで刊行された。このタイトルは、オランダの倫理政策のスローガンでもあり、オランダ語で出版された本は、ジャワ語などインドネシア各地の言語、それに英語や日本語など多くの国で翻訳されて読まれたのである。

カルティニの名前を世界に知らしめることになった文通は、一八九九年にオランダの雑誌に、「当方ラデン・アジェン・カルティニ。ジュパラ知事の娘。ペン・フレンドを求む。同年代の若いオランダ婦人、現在ヨーロッパ各地で新時代に向って進行している民主主義的運動に関心を持つ人を希望する」、という広告を出してはじまったものだった。雑誌の編集者は、カルティニを、「ジャワ人の女性がオランダに住む本誌読者と文通を希望している。その方は教養あふれ啓蒙的な教育を受けた思慮深く心の温かい人物で、意見の交換ができる教養ある文通相手を探している」、と紹介した。

カルティニの呼びかけに最初に応えたのが、五歳年上のアムステルダムに住む公務員で、オランダ

郵便はがき

料金受取人払郵便

小石川局承認

1072

差出有効期間
2023年4月9
日まで
（切手不要）

112-8731

東京都文京区音羽二丁目
十二番二十一号

講談社
学芸部
学術図書編集
行

ご購読ありがとうございました。今後の出版企画の参考にさせていただきますので、ご意見、ご感想をお聞かせください。

（フリガナ）
ご住所

〒□□□-□□□□

（フリガナ）
お名前

生年（年齢）

（　　歳）

電話番号

性別　1男性　2女性

ご職業

小社発行の以下のものをご希望の方は、お名前・ご住所をご記入ください。

・学術文庫出版目録　　希望する・しない
・選書メチエ出版目録　　希望する・しない

TY 000045-2103

この本の タイトル	

本書をどこでお知りになりましたか。

1 新聞広告で　2 雑誌広告で　3 書評で　4 実物を見て　5 人にすすめられて
6 目録で　7 車内広告で　8 ネット検索で　9 その他（　　　　　　　　　　）
＊お買い上げ書店名（　　　　　　　　　　　　　　　　　　　　　　　　　）

1．本書についてのご意見、ご感想をお聞かせください。

2．今後、出版を希望されるテーマ、著者、ジャンルなどがありましたらお教えください。

3．最近お読みになった本で、面白かったものをお教えください。

ご記入いただいた個人情報は上記目的以外には使用せず、適切に取り扱いいたします。

の社会主義政党の女性活動家のエステラ・ゼーハンデラール（ステラ）だった。カルティニは文通を重ねた彼女の生き方に共感して、「自分もステラと同じように仕事を見つけ、人の役に立つ人生を送りたい」、と思うようになるなど、文通を通じて自分の意識や考えを深めていったのである。カルティニと文通した、あるオランダ人女性によると、カルティニはオランダ語を母語のように流暢に操り、自分の考えを的確に表現する能力を持っていたという。文通は死去する一週間前まで続き、インドネシア地域研究者の土屋健治は書簡集について、「西欧とアジア、近代と伝統に対する親近感と反発が相交差して、言語は行きつ戻りつし、思想というよりも思想の提示直前のある不定形の情念が星雲状に渦巻いている。これがカルティニの書簡がもっとも魅力的なゆえんである」、という感想を述べている。手紙は、人間や社会についての経験豊富な「知識人」ではなく、その入り口に立ったばかりの、知的好奇心、懐疑心、自省心、向上心に溢れた若い人間が書いたものだったのである。

オランダ語の読書を通じて近代西欧文明を知る

インドネシアから一歩も外に出たことがないカルティニが、近代西欧文明を知った手段が、オランダから取り寄せた書籍、インドネシアに滞在するオランダ人の官僚、研究者、知識人などからもらった書籍、それに新聞や雑誌だった。これを通じて、啓蒙思想だけでなく文学、女性問題、経済、世界の最新の動きを学んで造詣を深めたのである。カルティニはオランダ語の読書について、「苦悩する魂のために気の休まる友達を見出した。それがオランダ語の本であった」、「目に入るものは何でも読んだ」が、「一度読んで解らなければ二度、三度と読み返し四度目には理解した」、「知らない単語はメモし、兄の帰省時にその意味を尋ねると、兄は喜んで教えてくれた」と述べ、「読書は一度だけの喜びを与えるのではなく、限りない多くの教訓を与えることに気付いた」と述懐している。

これが語るように、オランダ人との文通と読書が、啓蒙思想家カルティニを造り上げたのである。この文通と読書の関係は、まず、読書によって知識を増やして自分の考えを持ち、それをオランダ人との文通で吐露して、自分の考えを一層深めていったというものになる。以下では、カルティニの自己変革とインドネシア社会を変革しようとした言説がどのようなものかみる。

「進歩的な白人の姉妹たち」

カルティニはオランダ語の読書とオランダ人との文通によって、それまで自分が知らなかった、そして、インドネシア人との交わりだけではとうてい知ることができない世界を知ったが、それが啓蒙思想だった。最初の文通相手のステラへの最初の手紙で次のように言う。

私は「近代的な女性」、私のあらん限りの共感を向けるところの力強い、自立した女性と知り合いになりたいとずっと思っていました。……私は新しい時代に夢中になり心が燃えています。考えたり感じたりすることでは、私は東インドではなく、遠い西洋にいる進歩的な白人の姉妹たちとともに生きていると言ってもいいでしょう。……でも、数世紀にわたる伝統が、その頑丈な腕で私たちを捕らえています。……あなたはおわかりになりませんか。若い時代、新しい時代、この時代を全霊で愛しながらも、私たちの手足は逃れることのできない国の法律、慣習、習慣に縛られている、と。……幼い頃……私にひとつの憧れが芽生え、少しずつ大きくなりました。それは、自由と独立、自立への憧れです。(『世界史史料　第九巻』三四三頁)

カルティニは、啓蒙思想を知ったことで、自分が何をすべきか悟ったが、しかし、その眼は西欧ではなくインドネシアに向いていたのである。ここから、自分の意識とインドネシア人の因習を変革する「戦い」がはじまったのである。

ジャワ「一夫多妻制」への批判

その最初ともなったのが、自分の日常生活のなかにある、ジャワ人貴族の「一夫多妻制」だった。カルティニの父には、三人の子供を生んだ正妻と八人の子供を生んだ副妻がいて、カルティニの生母は平民で最初の妻だったが、後に父が貴族の娘と結婚すると副妻になった。これが、カルティニが一夫多妻制に激しく反発して、ジャワ社会の因習を変革することを決意する大きな要因になったのである。インドネシアの支配的宗教のイスラームは一夫多妻制を認めているが、それが伝わる前から、ジャワ貴族の間で一般的な慣習だったのである。なぜ、カルティニは反発したのか、その理由を、「私には母親が二人います」、「幼少の頃から母の悩む姿を見てきました」、「それは地獄の苦しみ、私は日々非常に辛く感じ死にたいと思い、そうしていたでしょう」、もし「父を心から愛していなければ」、と心情を吐露し、「母はお手伝いさんにすぎません」と苦渋を明かしたのである。

二人の母親というのは、正妻でカルティニの義母と、副妻でカルティニの生母のことである。カルティニの生母は実の娘がいる母屋に居住することは許されず、使用人と同じ棟に住んだし、食事は父と正妻、それに子供たちが一緒にしたが、副妻は同席を許されなかった。ただ、子供は正妻の子も副妻の子も扱いは同じだったが、その理由は、ジャワの慣習では正妻が家庭の全ての子供達の母親と看做されたことにあり、正妻以外の母親達はたとえ実子であっても「おばさん」と呼ばれた。

この慣習に対して、カルティニは、「イスラームの教えは男性に四人の妻を持つことを許している。イスラーム法では何千回も無罪になる」、がしかし、「私は前からそれを罪と捉えている。人を苦しめる行動は全て罪である。ジャワの慣習や教訓はすべて男性のためだけにあり、女性のためにあるのではない」、と猛反発したのである。幼いながらも感受性が強いカルティニの眼に、このジャワ社会の伝統的慣習が、「残酷な」制度と映ったとしても何の不思議もない。「だからわたしは結婚さえしなくとも済むものなら、そして自由の身でいられるものなら、むしろどんな低級な仕事でも大きな誇りをもって精一杯したいと思うのです」と明言したのである。

カルティニ研究者の富永泰代が、カルティニは西欧型教育で得た知識を基礎にして、一夫多妻制の廃止を要求した最初のインドネシア人だった、と断言しているように、カルティニは時代を先取りした、「女性解放運動」の先駆者でもあったのである。

このように、カルティニは啓蒙思想を武器に伝統的因習と戦う決心をしたが、ただ、福沢や陳独秀が戦ったのが儒教思想だったのに対し、カルティニは、ジャワやイスラームの伝統的因習なので対象が違う。その理由は、福沢と陳独秀が生まれたのが「儒教社会」、カルティニが生まれたのが「ジャワ社会」と「イスラーム社会」という、社会の性格の違いにあった。しかし、啓蒙思想を武器にして、自国の古い伝統思想や因習を変革しようとした点では同じなのである。

力を注いだ女子教育

インドネシアの因習的慣行を打破しようとしたカルティニが、力を注いだ一つが女性教育だった。なぜなのか、その理由を、オランダ人に宛てた手紙の中で、「能力があり、頭のある母を創り出していきとうございます」、「そうすればジャワは、その民族を発展させる能力のある働き手を手に入れることでございましょう」、「母の教養と知識は、やがてまた母となる女の子達や、そしてやがてはジャワ民族の権益守護となる男の子達に、当然ゆずり渡されるべきでございます」、と述べた。ここには民族意識の萌芽と呼べるものがみてとれる。

カルティニは、最初は、オランダ植民地政府に女子教育に力を入れることを要望したが、守旧派のジャワ人貴族の反対もあり実現しなかった。そのため、植民地政府教育長官のアベンダノンの助言をもとに自分の学校を開くことにしたのである。一九〇三年に自分の最大の理解者である父の賛同を得て、自宅である父の知事公邸に貴族の子女からなる生徒七人の学校を開いたが、これは実際には、私塾だった。カルティニによると、学校の様子は、「子供たちは一週四度通う。授業は八時に始まり一二時半でおわる。読本・習字等に裁縫・刺繍、それに割烹を学ぶ。教授法は普通の学校のやり方ではなく、自分の考えにしたがって、ジャワの子供が学びたがる方法で教える」、というものだった。これは、植民地政府が整備した様々なタイプの学校と較べると、「ささやかな」学校でしかなかったが、行政力も財政力もない二四歳のカルティニにとっては精一杯のものであり、このうえない充実感を覚えたに違いない。これ以外にも、カルティニが住むジュパラ県が木彫工芸品の特産地でもあったので、木彫職人らと共にその振興事業にも力を入れた。

伝統的因習の信奉者からの反発

啓蒙思想に依拠してジャワ（インドネシア）の伝統的因習の変革を唱えたカルティニに対し、その信奉者からの反発や批判は強く、とりわけ、結婚問題についてのカルティニの考えは、伝統的因習を固く信じる人びとから強い反発を受けた。カルティニが、「教育に関する建議は、異議なくわたし共全民族をあげて好感をもって歓迎するところでございましょうが、この好感も結婚問題に関するわたしのいい分から買う激怒、特に男性の側の怒りを買って、きっと消されてしまうことでございましょう」と、自分の言説が批判者にどのように受け取られているのか冷静にみていたように、彼らはカルティニに対して、「常軌を逸する者」とか「化け物」というきつい言葉を投げ掛けたのである。

上流階層のインドネシア人がオランダに留学し、カルティニの兄もオランダなどヨーロッパに長期間滞在したが、伝統的因習が根強いインドネシアでは、それは男性世界の話であり、女性は問題外だったのである。カルティニに反発したのは、守旧派の男性だけでなく、女性も同様だった。後にカルティニの理解者になる姉の一人は、カルティニが啓蒙思想に触発されて理想を語ったとき、言葉を遮り無関心の冷たい調子で、「どうぞ御勝手に！　私はジャワ人ですからね！」、と言って全く相手にしなかったのである。

戦うカルティニの熱情

しかし、批判に怯むカルティニではなかった。毅然として次のように言う。

女性とそして子供まで、ひどく苦悩を負わせる、あのむごい男性の権利についてのことなら、一語だって撤回はいたしませぬ。（牛江清名訳『暗黒を越えて』一七五頁。旧字体表記を新字体表記に改めた）

わたくしは飽くまでもわたしの自由を追求したいと思っております。是が非でもやろうと思います。……闘わないで、どうして打ち勝てるというのでしょう。求めずしてどうして得られるというのでしょう。……わたくしは飽くまでも戦います。ね、わたくしはどうしてもわたしの自由を奪いとるつもりです。（『同』五〇〜五一頁）

民族運動や社会運動の百戦錬磨の「闘士」ならいざしらず、社会的経験がほぼ皆無のカルティニの口からこの言葉を聞くと、闘う意識とエネルギーは、一体どこから生まれたのだろうかという思いが湧いてくる。それは自分の心の中から出て来たという。すなわち、「ひびきわたる切なる声が聞えました」、「進みなさい。あくまで努めなさい。そしてお前の理想を具体的なものにするのです。やがて来る人生のために活動《たちはたら》くのです」、「困苦に堪えて、永遠なものを樹立することに努力するのです」、という言葉がそうである。啓蒙思想家を内面で支えているのが熱情だが、この熱情と啓蒙思想の進歩という考えがカルティニを支えていたのである。

カルティニにとっての近代西欧文明の意義

啓蒙思想を武器にして、インドネシアの伝統的因習に挑んだカルティニだが、彼女にとり近代西欧文明はどのような意義を持ったものなのだろうか。本書でみた多くの啓蒙思想家がそうだったように、カルティニもオランダ留学の夢を持ち、オランダの文通相手の友人に、「ヨーロッパへ行く！それは私の一生の望みです！」と必死の思いを書き送っている。この言葉から、西欧の空気を吸ってみたいというカルティニの渇望がひしひしと伝わってくるが、実際に、一時はオランダ政府の奨学金を得ての留学許可を得たのである。しかし、最後の段階で自分から希望を取り下げて実現しなかった。娘の留学を望まない父の気持ちを慮ったことが理由だった。

ともあれ、カルティニは西欧に何を期待したのだろうか。冷静に次のように言う。

わたくしの夢見ていることは、ただ一つ、ヨーロッパがわたしの民族、わたし達女性同胞の平和を目指して、わたくしが好んで身を提《ママ》して突き進もうとする闘いのために、充分な武器を与えてくださることを希うだけでございます。……ただ一つ、わたくしの企図に必要なもの、知識と技能とが、西洋で得られますように、こういう期待だけでございます。（『暗黒を越えて』二一一〜二一二頁）

これは、カルティニが西洋かぶれではなく、インドネシアの伝統的因習と戦う心を西欧で磨き上げたかったことを語っている。カルティニにとり、近代西欧文明の意義は福沢や陳独秀のそれとまったく同じなのである。

これと対照的とも言えるのが、カルティニの兄である。彼は、オランダに留学した後も、長いことヨーロッパに滞在し、ジャワ語の古語と現代語、オランダ語、フランス語、ギリシア語、ラテン語、バスク語などをこなして語学の才能に恵まれていた。しかし、民族意識は希薄で、ヨーロッパ滞在中はインドネシア人と交流することはなく、ヨーロッパ人貴族などとの社交界の付き合いが多く、西洋かぶれの一人だったといわれているからである。

西洋文明の「腐敗した面」

とはいえ、カルティニは近代西欧文明を無条件で称賛したのではなく、その問題点や限界を知っていた。とりわけ、インドネシアの植民地統治に関わったオランダ人官僚がそうで、「よくわたくしは白人の方とお話しいたします」、彼らは「勿論立派な学識を具えた方たちですが、その高慢なことはとうてい我慢のならないほどでひどくわたしの心をさします。わたし達ジャワ人はまるで人間ではないかのような想いをさせられたことが随分と多かったことです」と述べ、「わたし達はそんな待遇をうけてオランダ人をどうしていつくしむことができるのでしょう」と批判した。近代西欧文明についても、「一旦西洋文明がこの地に腰を据えた暁には、私達も又この悪と直面することになるということなのです。文明は神の恩寵であると言えますが、腐敗した面も併せ持っています」と冷静に受け止めたのである。カルティニは近代西欧文明に「憧憬」を抱きながらも、そこには「醜悪」もあることを知っていたのである。

カルティニ伝を書いたインドネシア人のシティスマンダリ・スロトは、カルティニの近代西欧文明を見る眼について、カルティニは、「西欧文明に感嘆し、能う限り多くの知識・学術の富を掘り出そうとした」、しかし、「西欧文明と名の付くものなら何でも生で飲み込んだのではなく、自分が見た西欧式生活の様々な現象を批判的に評価して、その中からインドネシア人の文明を高める良い要素だけを採取しようとした」とみている。これが語ることは、近代西欧文明も合理主義精神の「対象」にして見極め、その良い点だけを見習う、これがカルティニの眼だったのである。

民族主義者カルティニ

オランダ人官僚のインドネシア人を見下した態度から、民族主義者カルティニが誕生したが、自分が一員のジャワ人（インドネシア人）については、「血、生き生きとわたし達の身体の隅々までもたぎるように流れているジャワの血潮を失うことは決してできないことでございます。安息香や花の香が移るとき、ガムランの奏でられるとき、風が椰子の葉末になでるようにそよぐとき、ジャワ鳩の鳴き声に、稲穂が風になるとき、米臼がたてる音に、しみじみわたくしはこのジャワの血潮を身内に覚えます」と限りない郷土愛を吐露した。ジャワの自然風景を愛でるときのカルティニは、まるで「文学少女」のようであり、カルティニにとり、何にもましてインドネシアが、その風土が、その民族文化が、かけがえのないものだったのである。そして、この民族意識に立脚してオランダの植民地統治を、次のように厳しく批判した。

わたくしは何故オランダ人があまでわたし達ジャワ人が開化することを嫌うのか、今ようやくわかりました。知識が向上すると、ジャワ人はもはや何一つとして白人たちが命令したり、高圧的におしつけたりすることに、易々諾々《ママ》とは従わなくなるからです。ジャワ人の民族運動はまだ漸く勃興の緒についたところですが、その闘争はやがて熾烈の度を加えて行くことでしょう。……実際民族の希求することこそ、闘い取られねばならぬと思います。そして男性の闘争が発火点に達して退引《のっぴ》きならなくなるところまでくると、婦人がたちあがるのです。変革の時代、旧時代から新時代への転換期に生れ合わすことのできるわたし達は、なんと幸いなことでしょう。
(『暗黒を越えて』三五〜三六頁)

カルティニは、オランダが鳴り物入りで進めた倫理政策において、オランダにとっての「寵児」だったが、植民地統治の「欺瞞性」を見抜いていたのである。重要なのは、ここから、彼女の眼がオランダ支配から自立する独立運動へとむけられたことだった。それは実際の運動ではなく、頭の中の、すなわち、自分の意識のなかにおける想いだった。この限りでだとはいえ、カルティニは啓蒙思想の申し子であると同時に、紛れもなく、インドネシアの自立を希求する民族主義者だったのである。

カルティニ没後の独立運動

カルティニは、インドネシアの独立運動がはじまる前の一九〇四年に亡くなったので、実際に関わることはなかったが、土屋健治はカルティニと独立運動との関係について、「カルティニは生きているときは孤独を生き孤独のうちに死んでいった」、がしかし、「後世の人びとの間で書き言葉の世界の、新たな精神の誕生を告げる者として再生した」とみている。カルティニは、生存中は無名の存在だったが、死後にその存在と名前が知られるようになったという土屋の指摘を裏付ける興味深いエピソードがある。ハッタは、オランダに留学する前の一九一八年にスマトラで開催された、民族主義団体のスマトラ青年同盟集会の様子を回顧して、次の出来事を紹介している。

ナチール・パモンチャックが説明を終えると、女子カトリック・MULO二学年のアインシャ・ジャーヤ嬢が演壇に立って火を吹くような演説をした。原稿もなしに、オランダ語で流れるような名調子の演説をぶったので、みんな驚き、呆然としていた。彼女はジャワの青年にスマトラの青年が遅れをとっているとのナチール・パモンチャックの説を支持し、ラデン・アジェン・カルティニの理想を引き合いに出して疑問を提起した。「いつスマトラからカルティニが出るでしょうか」彼女は、スマトラの青年が勉学にいそしみ「スマトラ青年同盟」の定款に謳われている民族の呼びかけに応じるように、そして、カルティニが示した道を歩むためにスマトラの女性も男子と肩を組んで共に立ち上がろうと言って演説を締めくくった。聴衆はこのアインシャの演説に熱い拍手を送ったが、その後、演壇に立って自分の意見を述べようとするものはいなかった。男たちは彼女の声に負け、貫禄に負けた。(『ハッタ回想録』五一〜五二頁)

ラデン・アジェン・カルティニというのは、カルティニの娘時代の呼称であり、インドネシアでは彼女の死後に、この呼称が定着したのである。筆者には、カルティニの話しぶりがどのようなものだったのかわからないが、オランダ語を流暢にあやつって男性の聴衆を圧倒したアインシャと、カルティニが重なって見えるのは、筆者だけなのだろうか。ともあれ、カルティニが亡くなったのが一九〇四年、オランダ語の書簡集が刊行されたのが一一年のことであり、死後十数年にして、独立意識を持ったインドネシアの若者の間で、カルティニは導きの星になっていたのである。

独立後にインドネシアが辿った道

インドネシアは、日本占領期（一九四二～四五年）を経て、四五年八月に日本の敗戦とともに独立宣言をした。しかし、オランダが植民地復活を目論んで、独立を潰そうと軍隊を派遣したので、独立戦争（一九四五～四九年）がはじまった。攻勢をかけるオランダ軍を逃れてインドネシア政府が遷都した中部ジャワのジョクジャカルタも占領され、スカルノやハッタなどの指導者は捕らえられてスマトラのバンカ島に幽閉された。この間の一九四七年七月にハッタは、独立直前のインドに極秘渡航して、ネルーに武器援助を要望したが果たせなかった。しかし、一九四九年にアメリカが介入し、国連の勧告が出ると両国の話し合いがもたれ、この結果、「ハーグ協定」が結ばれてオランダの抑圧行動が終わり、インドネシアは「真の」独立を達成したのである。

スカルノ大統領の下で、実際の運営を首相が担う議院内閣制による国家建設がはじまったが、インドネシアが宗教、民族、言語、地域、イデオロギーなど多様に分節・分裂していることを一因に、有力政党が対立し、また、各地で分離独立運動が頻発するなど、政治不安定な状態が続いた。これもあり、スカルノは一九五九年に「指導される民主主義」の名の下に議会を解散して、大統領独裁政治を開始した。それより前にスカルノが独裁色を強めると、副大統領ハッタは一九五六年一二月に副大統領を辞任したので、スカルノをチェックできる政治家がいなくなったのである。

しかし、スカルノ独裁は長続きしなかった。同体制は、軍、それにスカルノの下で急速に勢力を増したインドネシア共産党の二大勢力が支えるものだったが、一九六五年九月三〇日に、真相は現在でも不明だが、軍と共産党が衝突した「九・三〇事件」が発生すると、一夜にして、共産党が消滅し、ほどなくして、スカルノが失脚したからである。その後、事件を鎮圧した軍人のスハルトが実権を握り、開発を掲げて開発主義国家を構築したが、これは、民主主義を否定する軍政だった。スハルト体制は一定の経済発展を遂げて、一九九八年の民主化運動で崩壊するまで三三年続いた長期政権になった。独立後のインドネシアは、議会制民主主義の大混乱、スカルノ大統領の独裁、スハルト軍政の開発主義国家と、特異な時代が続いた後で、ようやく民主主義体制になったものである。

インドネシア研究者の間では、カルティニの評価と人物像は歴代政府によって違い、その都度政府に都合のよい人物像が提示されてきたという指摘があるが、筆者の関心は、啓蒙思想に依拠したカルティニのインドネシア社会の変革の試みの結果がどうだったかにある。現在のインドネシアは、カルティニが希求した近代西欧文明の精神が反映されたものなのかどうか、すなわち、自由と平等を原理にする民主主義が実現しているかどうかにあるが、これは終章で考えてみたい。

第三章

われわれの人生は、枯木に行く手を塞がれている

インド　ネルーとガンディー

インドのガンディーは、1930年、イギリスによる塩の専売法に抗議して「塩の行進」を行った

インドは中国と並ぶアジアの歴史文化大国であり、アジア、それに世界各地が西欧諸国に植民地化されたなかで、その象徴ともいえる国だった。インドを植民地にしたイギリスは、官僚制や高等教育など近代西欧文明を持ち込んでインド社会を変えたが、苛酷な植民地支配に対して、アジアのなかで最も早い時期に独立運動がはじまった国でもあった。

一九世紀後半になると、数多くの民族主義者や独立運動家が登場したなかで、ネルーはガンディーと並ぶ二大指導者である。二人はイギリスに留学した知識人で弁護士という共通性を持ち、ガンディーが「師匠」、ネルーが「弟子」という関係の下で、「二人三脚」によって独立運動を指導したものだった。ただ、ガンディーは独立直後に暗殺されたこともあり、独立運動指導者で終わったのに対し、ネルーは、これに加えて、首相として独立後の国家形成を担った政治家でもあったことに違いがある。何よりも、近代西欧文明との関連からすると、ネルーがイギリスの植民地支配を批判しながらも、基本的に、留学時代に体得した啓蒙思想と民主主義に依拠して独立運動と国家形成を進めて、インドの伝統社会の変革を試みたのに対し、ガンディーはインドの文明を擁護して、徹底的な西欧批判、すなわち、「反近代西欧文明」を唱えたことに大きな違いがあった。

本章は、最初に、イギリスの植民地化と統治制度と教育制度の概要、インドの独立運動の大きな流れ、それに、ネルーの特徴を浮かび上がらせるために、ガンディーの反近代西欧文明の思想を簡単にみる。その後、ネルーに焦点をあてて、インドの文明をどのようにみて、独立運動指導者としてイギリスをどう批判し、啓蒙思想政治家としてインドをどのように変革しようとしたのか検討する。

1　カースト制度とイギリス支配

インドの「三大宗教」の対照的な慣行

インドは、中国よりも早い紀元前三一七年に統一王朝国家のマウリヤ国が登場したが、アジア諸国のなかで、ヒンドゥー教や仏教やイスラームなど宗教が多様であることが、特徴の一つである。しかし、そのなかでは、ヒンドゥー教とイスラームが「三大宗教」と言えるものである。

対話するガンディー（右）とネルー（左）。1946年

ヒンドゥー教は、紀元前一五〇〇年頃にインドに移住して支配的民族になったアーリヤ人の宗教のバラモン教を基盤に誕生したものである。ヒンドゥー教は厳格なカースト制度で知られているが、これはインドの土着民族の慣行と、バラモン教の慣行が融合したもので、バラモン（司祭と学者）を最上位に、クシャトリア（王族と戦士）、ヴァイシャ（商人）、シュードラ（農民と牧畜民）の四つからなり、四つ

の階層内部でも、職業などによって多様に細分化されている。それだけでなく、清掃や動物の死体処理など不浄とみなされた職業に従事する人びとは、人間とはみなされずに、アウト・カーストとして峻別（差別）されているので、実際には、五つの身分階層からなっている。カースト制度は、あるカーストに生まれたならば、一生涯それに留まる固定的で差別的な身分制を特徴にするが、それにもかかわらず二〇〇〇年以上も続いたのは、支配者にとって政治社会の秩序と安定を調達するうえで、極めて便利な制度だったこと、抑圧された下位カーストが受け入れたのは、自分が生まれた現世の身分の下で徳に励んだならば、来世は上位カーストに生まれてくるという期待、それに、同じカーストに属する者が助け合う相互扶助によって、貧しくても何とか生活できたことによる。

イスラームは、六一〇年に中東のアラビア半島で誕生すると、またたくまに中東全域と周辺地域に広がり、インドには中央アジア経由で伝わったものである。具体的には、中央アジアのイスラーム化した勢力が征服した結果であり、一三世紀に北インドで最初のイスラーム国が誕生し、一六世紀初めには、後にインド全域を支配するムガル帝国（一五二六～一八五八年）が登場した。ヒンドゥー教が特定の始祖を持たない多神教であるのに対して、イスラームはアッラーが創ったもの、ムハンマドがその言葉を伝える使徒であるという一神教に、また、ヒンドゥー教は偶像崇拝だが、イスラームは、一切の偶像を認めないことに違いと特徴がある。何よりも、イスラームは、信徒が六信（アッラー、天使、啓典、預言者、来世、予定説）と五行（シャハーダ、礼拝、断食、ザカード、巡礼）を厳格に実践することが要求されており、二つの宗教の慣行は極めて対照的である。

ヒンドゥー教社会インドに、「異質」なイスラームが流入して政治支配を行ったが、時にはムスリム支配者が抑圧したことがあったものの、基本的には、イスラームへの改宗を強要することなく、税金を払えばそれでよしとしたので、二つの集団はそれぞれ自分たちの宗教世界に生きて、「並存」してきた。インド社会に深く根を張るヒンドゥー教とイスラームの因習を、ガンディーとネルーは批判していくことになる。

イギリスの植民地化

一六世紀はじめに、ヨーロッパ人が貿易のためにインド沿岸の港を訪れた時は、強大なムガル帝国の支配がはじまった頃で、首都は北インドの内陸部のデリーに置かれていた。しかし、イギリスの植民地化が本格化した一八世紀になると、ムガル帝国の支配は名目的なものに陥り、広大なインドを各地の有力ヒンドゥー教勢力などが支配するようになった。ネルーは、その状況を、「当時のインドはムガル帝国の分裂の結果、ぐらぐらな無秩序な状態におかれていた。何百年以来これほど弱い、心細い状態に陥っていたことはない」、と述べているが、これは清末期とまったく同じ状況だったのである。

植民地化は、インドがこのような状態にあった時に本格化したものであり、その最初の一歩となったのが、一六〇〇年に設立された民間貿易会社のイギリス東インド会社が、四〇年にインド東海岸のマドラス（現在のチェンナイ）に商館を築いたことだった。当初、東インド会社はインド産の綿織物貿易に関心を持つだけで、土地や住民の支配への関心はなかったが、イギリスで産業革命がはじまる頃に、産業化に必要な一次資源の供給国、工業製品の輸出市場として、中国と並ぶ世界の人口大国インドの植民地化に関心を持ったのである。しかし、フランスもインドに関心を持ち、一六七四年に東海岸のポンディシェリーにフランス東インド会社の商館を築いていたので、両国の間で争奪戦が起こった。

両国が激しい鍔迫り合いを繰り広げたなかで、イギリスのインド支配を決定づけた出来事が一七五七年のプラッシーの戦いだった。これは、経済的に重要な東部のベンガル州を巡って、「イギリス東インド会社軍」対「フランス東インド会社軍・インド土着勢力軍」の組み合わせで行われたものであり、両国は同じ時期に、北アメリカでもアメリカ植民地を巡って争い、ヨーロッパの本国でも戦争した。勝利したイギリス東インド会社はベンガル州の事実上の支配権を得ると、一七六五年に同州の徴税権を獲得したが、これは実質的にベンガル州を植民地にしたことを意味した。その後、インド各地の土着勢力との相次ぐ戦争に勝利して、インド全域を植民地にしたのである。

東インド会社は広大なインドを、「ベンガル管区」、「マドラス管区」、「ボンベイ管区」の三つに分けて統治し、最高職はベンガル総督（任期五年）だった。ベンガル管区の民事と軍事に関する全権を持っただけでなく、他の二つの管区も監督したからで、ベンガル州のカルカッタ（現在のコルカタ）に植民地首都が置かれた。しかし、一八世紀後半にイギリスで産業資本家が台頭すると、東インド会社のインド貿易独占に対する批判が起こり、また、インドの植民地化戦争にともなう軍事費の増大によって東インド会社の財政が悪化し、さらには、インド貿易の中心を占めていた綿布輸出も停滞した。この結果、一八一三年に東インド会社はインド貿易の独占放棄を余儀なくされ、三三年には貿易活動が全面的に停止されて、インドを統治するだけの機関になり、ベンガル総督の名称はインド総督に改められた。東インド会社のインド支配が揺らぐなかで、同社に対する最大の、そして最後の一撃が、一八五七年に発生したインド大反乱であり、これはプラッシーの戦いから、ちょうど一〇〇年後のことだった。

インド大反乱（一八五七～五八年）

一九世紀後半になるとイギリス支配に対するインド人の反発が表面化したなかで、その頂点がインド大反乱だった。反乱を起こしたのは、東インド会社のシパーヒーとか、セポイと呼ばれたインド人傭兵で、その目的は、イギリスによって政治権限を奪われたムガル帝国の皇帝を担いで、ムガル帝国を再興することにあった。とはいえ反乱は、インド人傭兵やムガル帝国の下で優遇されていたムスリム住民だけでなく、インド社会の多数派を占めるヒンドゥー教徒の各地の支配者、農民、都市住民も加わったもの、すなわち、宗教の違いを超えて、インド全体が反発したものだったのである。これもあり、インド研究者の間では、同反乱が独立運動の第一歩とみられている。

反乱を起こしたインド人傭兵にはいくつか事情があった。彼らはイギリスの支配を確立したプラッシーの戦いで重要な役割を果たしたが、傭兵には、上位カーストのヒンドゥー教徒や上層ムスリムが多く、海外への出動命令に応じないなど、自我意識と権利意識が強かった。そのため、東インド会社がもっと使いやすいインド社会の下層の人びとを採用しようと考えたことから、彼らの不満が高まっていた。また、農村におけるイギリスの経済搾取が強まり農民が疲弊していたので、その批判も起こっていた。これらを背景にして反乱が起こったものだが、直接の契機は次のことだった。イギリスが導入した新式銃の弾薬包を使うさいに、ヒンドゥー教徒にとっては神聖な牛脂、ムスリムにとっては不浄な豚脂で作られた薬包を嚙み切らなければならないことがそうであり、イギリスは宗教心が篤いインド人のタブーに触れたのである。

一八五七年五月に、デリー北東部に駐屯する傭兵が蜂起してムガル皇帝が住むデリー城に進軍し、皇帝に復権宣言をさせ、自らは行政会議を創って実権を掌握した。これに呼応してインド各地の傭兵が蜂起し、また、都市部住民や農村の大地主や農民も蜂起したので、北インド全域に広がる大反乱になったのである。反乱が傭兵だけのものではなかったことを示すのが、デリーの反乱が鎮圧された後も、農村の抵抗が続いたことで、反乱鎮圧に二年を要した。イギリスは翌一八五八年に、反乱に加担したとの理由でムガル皇帝を、当時はインド植民地の一州だったビルマ（ミャンマー）に流刑して、ムガル帝国を廃止し、東インド会社を解散させて、直接統治に切り替えたのである。

「インド帝国」（一八七七〜一九四七年）の創設

新しい統治形態は、一八五八年に「インド統治法」を制定して、イギリスにインド省を創設し、その下に置かれた植民地政府が支配するものだった。世界各地の植民地は、インド省と、それ以外の国や地域を担当する植民地省の二省体制とされたが、インド省の創設はイギリスにとり、いかにインドが重要かを語っている。ただ、インド全域が直接統治下に置かれたのではなく、ベンガル州など経済的に重要な地域は直接統治とされたが、北西部のカシミール、南部のハイデラバードなどは「藩王国」とされて、内政自治権を持った間接統治下に置かれ、インド国土面積の約三分の一、人口の約四分の一を占めた。一八七七年にインド帝国が創られると、ヴィクトリア女王がインド皇帝を兼任した。

統治は、イギリスの得意な「分割統治」の手法が使われた。これは、多様な民族や宗教からなる住民を分断して団結を防ぎ、統治支配を容易にするというもので、具体的には、次のようなものだった。インド社会が、ヒンドゥー教やイスラームなどの宗教、アーリヤ人やドラヴィダ人などの民族、デリー（北インド）とその他の地域（南インド）といった地域性の違いなど、様々な要素で分節していることから、これらを巧みに利用して、イギリス支配に対してインド人が一つに纏まることがないようにしたのである。その格好例が、独立運動の本拠地のベンガル州を、ヒンドゥー教徒が多い地域（西ベンガル州）とムスリムが多い地域（東ベンガル州）の二つに分割したことだった。これを一因に、インドは独立に際して、ヒンドゥー教のインドとイスラームのパキスタンに分離することになる。

インド人の召し使いを身辺に置き、ガーデンテントで執務するインド皇帝のヴィクトリア女王

この統治体制の下でイギリスは、綿花、中国向けアヘン、インディゴ、ジュート、紅茶などの栽培と輸出に努め、そのためにインフラ開発と整備を精力的に進めた。その一つが、広大なインドを結ぶ鉄道である。

最初の鉄道は東インド会社時代の一八五三年に敷設され、その後、インド各地、とりわけボンベイ(現在のムンバイ)、マドラス、カルカッタの重要な貿易港と内陸部の一次産品生産地を結ぶ鉄道網が整備されて、一九世紀末にはインドの鉄道網は四万キロメートルに及び、アメリカなどに次いで世界第四位になった。イギリスの目的は、インド内陸部で栽培された一次産品を沿海部の輸出港に輸送すること、逆に、イギリスから輸入した工業製品を内陸部の都市などで販売することにあり、国際市場とインドを結びつけるためだったのである。また、鉄道会社の収益とは無関係に、植民地政府が高率の利子を保証したので、イギリスの資本家にとっても鉄道建設投資は魅力あるものだった。これ以外にも、道路や灌漑施設の建設、通信網の整備などが行われた。この結果、西欧の物質文明がインドに持ち込まれたが、ガンディーはこの物質文明を批判することになる。

インド統治の中核「インド高等文官職」

イギリスはインドの効率的統治のために、オランダと同様に西欧型官僚制を持ち込み、併せて、法制度の整備を進めた。インド統治の責任者は、本国のインド省大臣、それに、その指揮下のインド総督で、インド省大臣職は一八五八年に創設された。そして、インド帝国が創設されると、インド総督は副王を兼任した(任期は五年)。

イギリスが導入した官僚制は、現代国家のそれと同様に、キャリア組の高級官僚(高等文官)が上位職を占め、ノン・キャリア組のインド人の下級官僚が彼らを支えるものだった。高等文官はインド総督―州知事―県知事の序列からなり、その人材調達のために設けられた制度が、一八五八年に導入された「インド高等文官職」（ＩＣＳ）であり、スリランカでも「セイロン文官職」が創られた。縁故採用を排除するために公開試験方式が採られ、試験はロンドンで実施されたが、インドでも一九二三年から実施した。試験内容は、イギリスの二大名門大学のオックスフォード大学とケンブリッジ大学の卒業生などを想定したもので、一九世紀末まで毎年二〇～六〇人が採用された。試験は、建前上はインド人にも開かれていたが、実際には合格者のほとんどをイギリス人が占めた。これを示すのが、インドが独立する前年の一九四六年に高等文官職が廃止された時、総員一一五七人のうちインド人は半数に満たない五四九人（四七パーセント）に過ぎなかったことである。これに対して、スリランカは、一九四〇年時点でスリランカ人の比率は六四パーセントに達していた。このことはイギリスが、最も重要な植民地インドを自分たちの手で思いのままに統治したかったことを語っている。

インドの独立後は、高等文官職は「インド行政職」（ＩＡＳ）と呼称を変更して継承されて、インド行政組織の中核になり、パキスタンも「パキスタン行政職」として継承した。これもまた、西欧の制度が現代アジアの核になっていることを示す一つである。

西欧型教育の導入

オランダはインドネシアに西欧型教育を導入したが、これはイギリスも同様だった。これが、官僚制と並ぶもう一つの重要な制度であり、ここでは大学をみることにする。

すでに、東インド会社時代から、植民地統治を下から支える税務行政や司法の知識を持ったインド人下級官僚の育成が行われていたが、公用語はムガル帝国の国語のペルシア語が使われた。しかし、その後、英語に切り替えられ、官僚の採用も英語教育を受けた者が優先された。なぜ英語なのか、植民地支配者はその理由を次のように述べた。

わが政府［インド政庁］はインド人の知的向上を目指しており、それに用いられるべき資金があります。ただ一つの問題は、その最も有益な使い方が何であるかです。……インドのこの地の住民が通常話す言語は文学的、科学的情報を伝える語彙をもたず、加えてきわめて貧弱で粗野なため、……より高度の学問を追求する手段をもつ階層の人々を知的に向上させる仕事が、現状では彼らの土着語でない別の言語によってのみ効果をもちうるという点は、すべての方が認められるだろうと思われます。……公共教育委員会の半数の委員はそれは英語であるべきであると主張しています。(『世界史史料　第八巻』三一頁)

このような理由でイギリスは、文明的に優れている(と考えた)自国の言語で植民地の住民に教育を与えたが、これは他の植民地も同じだったのである。インドの大学は、西欧型教育を受けたインド人が一八一七年にカルカッタにヒンドゥー・カレッジを創設したのが嚆矢となり、その後、イギリスの手で五七年にボンベイ、マドラス、カルカッタに創設され、さらには、パンジャーブ大学とアラーハーバード大学も創設された。大学の創設は二〇世紀に入っても続き、デリー大学などインド各地に数多くの大学が創られたが、これらはロンドン大学をモデルにしたものだった。

これが重要なのは、これにより近代西欧文明がインドに持ち込まれたことにあり、これを語るのが、インド人の歴史研究者のK・M・パニッカルが、英語教育を受けたインド人は直接にヨーロッパの啓蒙思想の成果を共有できたとみていることである。大学で学んだ者は富裕層や上位カーストが大半を占めて、卒業後は官僚を目指す者が多かったが、注目されるのは、これにより、これまでインドにはなかった新しい社会階層が登場したことである。現代の用語で言えば、大学教育を受けた高収入の都市中間層がそうであり、弁護士や植民地政府の高等文官職の官僚が大半を占めた。このうち官僚は分かるとして、なぜ弁護士なのか。その理由の一つは、イギリス法に基づいた統治が浸透すると、インド各地の藩王や地主などの伝統的支配者や商人などが、自分たちの権益を護るために弁護士を必要としたことにあった。そして、独立運動との関連からして重要なのは、ガンディーやネルーなど、指導者が西欧型教育を受けた人びとのなかから登場したことだったのである。

インド国民会議派の結成

西欧型教育を受けた都市中間層の登場は、彼らの手で独立運動を担う組織が創設されたことに繋がり、その経緯は次のようなものだった。

インド大反乱は最初の独立運動といえるものだったが、その後はイギリスの支配体制の整備・強化などにより、大規模な武力反乱は姿を消した。しかし、イギリスはインド人の反発を和らげる目的で、一八八五年に、ボンベイにインド人を参加させた諮問機関としてインド国民会議を創設した（毎年開催）。これが独立運動にとって重要だったのは、同会議に参加するためにインド人の都市中間層が創った組織が、同年にボンベイで創設されたインド国民会議派だったことである。国民会議派の目的は、「インドで祖国のために尽す、熱意に満ちた働き手たちの親睦と友誼を増進すること」、それに、「我が国の愛国者たちのあいだにある人種的、宗教的、地域的偏見を友好的人的交流によって根絶して、民族的統一意識を発展、強化すること」、とされたのである。

インドネシアでは、オランダが創った国民参事会は独立運動にほとんど何の意義も持たなかったが、インドはイギリスが創った国民会議から生まれた、国民会議派が独立運動の中核になったのである。ただ当初、国民会議派はイギリスに請願活動を行うなどの穏健路線を採り、具体的要求は、インド人も立法や行政に参加すること、それに、高等文官職をインド人にも広く開放することなどだった。穏健路線の背景には、イギリスに反抗したインド大反乱が軍事力で抑圧されたことへの反省があり、インド人の最初の高等文官職合格者は、一八六四年のタゴール（詩人タゴールの兄）だった。このような性格の国民会議派の創設者は、次のような社会的背景を持った人びとからなっていた。

親英穏健派リーダーのG・K・ゴーカレーは、一九世紀末以降、何度もイギリスに渡航して、イギリス自由主義の影響を受けた指導者である。バネルジーは、カルカッタ大学卒業後、イギリスでインド高等文官試験に合格し、帰国して高級官僚になったが、イギリス人上司の人種差別措置により解雇された指導者である。そして、ダーダーバーイー・ナオロージーは、インドで教職を務めた後、イギリスで商業活動に従事し、そのさいイギリスのインド支配の有り様を研究して、インドの貧困の原因はイギリスへの「富の流出」にあると唱えたことで有名になった研究者でもあり、一八九二〜九五年にインド人初のイギリス下院議員を務めた指導者である。彼らをはじめとして創設時の指導者は、カルカッタやボンベイなど大都市出身の弁護士、高級官僚予備群、教師など、イギリスが導入した官僚制や西欧型教育のなかから登場した人びとだったのである。これもあり、穏健路線を採る国民会議派は、イギリス統治の「安全弁」とさえ言われたほどだった。

しかし、イギリスの植民地支配が苛酷さを増すと国民会議派は民族意識を強めて、反英急進派が主導権を握り、独立運動が本格化したのである。その指導者が、教育者として出発し、その後、新聞を刊行して反英闘争を唱えたティラクであり、その継承者がガンディーとネルーだった。ただ、三人は独立運動指導者としての特徴に違いがあり、ティラクは、知識人と民族資本家に軸足を置いた指導者、ガンディーは、農民大衆を基盤にして独立運動の大衆化を進めた指導者、そして、ネルーは、最も急進的で国民会議派左派のリーダーになった指導者である。西欧型教育によって多くの弁護士が登場すると、一八八五〜一九〇五年に国民会議派議長に就任した一六人のうち、一一人を法律家が占めたし、何よりも、ガンディーとネルーは弁護士だったのである。この事情は、一八九八年にスペインからアメリカの植民地になったフィリピンも同様であり、独立運動指導者の大半を弁護士が占めた。

本格化した独立運動と弾圧

反英急進派が主導する独立運動が本格化した契機が、イギリス植民地政府が一九〇五年に「ベンガル分割令」を発令したことだった。その目的は、独立運動の拠点のベンガル州が、ヒンドゥー教徒が住民多数を占める地域と、ムスリムが多数を占める地域からなっていたので、ヒンドゥー教徒の地域とムスリムの地域に分割して、独立運動勢力の力を削ごうとしたことにあった。これが分割統治の一例である。

しかし、これは逆効果でしかなく、独立運動に火をつけたのである。分割令に怒ったティラク率いる国民会議派は、翌一九〇六年にカルカッタで開催された党大会で、イギリス製品ボイコット、スワデーシ（国産品愛用）、スワラージ（自治獲得）、民族教育の四つのスローガンを採択して、独立運動が本格化したからである。これを、イギリス支配の下で綿工業などを発達させたインド人企業家も支持したので、インド全体に広がったのである。ただ、この時の独立運動は、イギリスの弾圧と懐柔、それに、国民会議派の分裂により混乱して停滞を余儀なくされた。このうち、イギリスのそれは、一九一一年にベンガル分割令は撤回されたが、同時に、植民地首都をカルカッタからデリーに移すことが発表されて、三一年にデリー南部に開発されたニューデリーが新首都になったこと、それに、〇六年に、イスラーム勢力の政党の全インド・ムスリム連盟の創設を支援して、独立運動の分断を図ったこと、などである。

このようななかで、一九二〇年代はじめにガンディーが登場すると独立運動が再度高揚したもので、ネルーはその状況を次のように回顧している。

ガーンディーが初めて国民会議派に参加すると、ただちにその構成に全面的な変化がもたらされた。彼はそれを民主化し、大衆の組織につくりかえた。以前も国民会議派は民主的ではあったけれども、これまでのところ入党資格に制限があり、上層の諸階級に限られていた。いまや農民が多数参加してきた、そしてそれは装いを新たにし、中産階級を相当交えた大きな農民組織の様相を呈しはじめた。この農民的性格は当然有力になっていった。（辻直四郎他訳『インドの発見

（下）』五〇五〜五〇六頁）

ネルーが証言するように、国民会議派はガンディーの下で、西欧型教育を受けた知識人の組織から農民を中核にする大衆組織に変わったのである。一九二九年にラホールで開催された国民会議派大会で、プールナ・スワラージ（完全独立）が決議され、翌三〇年にガンディーが提唱した「第二次非暴力・不服従運動」がはじまった。追い詰められたイギリスは、一九三五年に「新インド統治法」を制定して、イギリスの直接統治下にある一一の州で選挙を実施し、勝利した政党に州の全面的自治を委ねることにした。これを受けて一九三七年に実施された選挙で国民会議派が九州で勝利したのである。残りの州は全インド・ムスリム連盟が勝利して、これも独立のさいにインドとパキスタンに分離する要因の一つになったのである。

一九三九年に第二次世界大戦がはじまり、イギリスが世界各地での戦闘にインド人兵を動員すると、国民会議派は独立を得る絶好の機会として、その約束を迫ったが、イギリスは「戦後の自治」を提示しただけで、独立の言質を与えることを拒否した。そのため、国民会議派が一九四二年八月に、イギリスは「インドから出て行け」のスローガンを掲げて、抗議のために同派の州政府が総辞職すると、ガンディーやネルーなど主だった指導者が逮捕・投獄された。ただ、この時の独立運動は弾圧されたとはいえ、国民会議派州政府の誕生が、独立後のネルー率いる国民会議派政府に繋がったことは確かだったのである。

2　反近代西欧文明――ガンディーの論理

生い立ちと独立運動

ここで、ガンディーの反近代西欧文明がどのようなものかみておく。

モーハンダース・ガンディー（一八六九～一九四八年）は、インド西部のグジャラート州の小さな藩王国であるポールバンダルの宰相を父に生まれ、カーストは下層のヴァイシャに属した。ボンベイで学んだ後、一八八八年にイギリスに留学し、二年八ヵ月で法廷弁護士の資格を得て、九一年に帰国した。そのさい、ガンディーの属するカーストは、海を渡ること、すなわち、イギリスに行くことを禁じたが、その反対を押し切ってでかけたので、カーストから除名された。後に、近代西欧文明を否定するガンディーの留学中の行動で興味深いのは、イギリス風紳士になろうとしたことだった。イギリス紳士の習慣に倣って山高帽を被ったこと、ヒンドゥー教徒が宗教的に忌避する肉食を試みたこと、社交ダンスのレッスンを受けたこと、ヨーロッパの上流階級の言語であるフランス語を学んだこと、バイオリンを練習したこと、演説の仕方を習得しようとしたこと、はその一例である。

このように、西洋かぶれで「親英」だったにもかかわらず、「反英」の独立運動指導者のガンディーが誕生した契機は、イギリスから帰国して二年程後に、南アフリカ在住のインド人商人の訴訟問題を引き受けて、同地に渡ったことにあった。当初は、訴訟が片付けばすぐに戻るつもりだったが、結果的に一八九三年九月～一九一四年四月まで、二一年も滞在することになった。その理由は、南アフリカ滞在中にガンディー自らイギリス人の人種差別を体験したこと、何よりも、インド人出稼ぎ労働者の人権侵害問題に遭遇したことにあり、現地でイギリスの統治を批判しながらインド人の人権擁護運動などを指導したのである。

一九一五年に帰国すると、独立運動指導者ガンディーが誕生したが、当初の姿勢は、第一次世界大戦のさいにイギリスに協力したことが示すように、自治や独立を与えられることを期待する穏健なものだった。これをよく語るのが、南アフリカ滞在中に、オランダ系原住民とイギリスが戦った南アフリカ戦争（一八九九〜一九〇二年）が勃発するとイギリスを支援したことである。その理由はガンディーが、「イギリス帝国の臣民として権利を要求するなら、帝国防衛に協力するのは義務であると思ったこと」、それに、「インドの向上はイギリス帝国の手によってのみ可能である」、と考えたことに

モーハンダース・ガンディー

1869年　グジャラート州に生まれる
1882年　13歳で結婚
1888年　イギリスに留学
1891年　帰国
1893年　弁護士として南アフリカに渡る
1910年　『真の独立への道』を刊行
1915年　帰国
1919年　不服従運動を指導
1920年　イギリスから授与された勲章を返上
1930年　塩の専売法に反対し、「塩の行進」を指導
1948年　ニューデリーで暗殺される。78歳

あった。
しかし、イギリスに対する期待は「幻想」におわり、結果的に、これが戦闘的な反英意識を持つための学習機会になったのである。ガンディーは反英独立運動を理由に、約一〇回投獄されたが、これはインドネシアのスカルノやハッタと同じである。インドは第二次世界大戦後の一九四七年に独立したが、ガンディーは翌四八年にヒンドゥー教徒過激派の手で暗殺された。ガンディーは独立にさいして、宗教の違いを超えて、ヒンドゥー教徒とムスリムがともに一つの国を創ることに尽力したが、暗殺者が、ヒンドゥー教徒のガンディーがムスリムの要求に「譲歩し過ぎた」と憤慨したことが理由だったのである。

「自給自足」を理想に

本書の関心の一つは、アジアの啓蒙思想家が近代西欧文明をどうみたかにあるが、この点で、ガンディーはユニークな存在である。というのは、当初は、イギリス風紳士になろうとしたことが象徴するように、近代西欧文明に「憧憬」を抱いていたが、独立運動が本格化する頃から反西欧、すなわち、「反近代西欧文明」を鮮明にして、物質文明を否定したからである。福沢や陳独秀や孫文やハッタなど、アジアの多くの知識人が近代西欧文明、とりわけ物質文明を称賛したなかで、なぜ、ガンディーは否定したのだろうか。その理由を次のように言う。

それはイギリス人たちだけの欠陥でなくて、イギリス人たちの——いや、ヨーロッパの——近代文明の欠陥です。その文明は非文明です。それでヨーロッパの国民は破滅しようとしているのです。（田中敏雄訳『真の独立への道』三六頁）

近代西欧文明は非文明だというが、具体的に、何が問題だというのか。これについて、「近代西欧文明は人間の物質的追求と身体的安楽を人生の目的にしている」ことが問題であるとしたうえで、「全インドが危機に陥っているのではなく、西欧型教育を受けて、その罠にはまった人びとが奴隷になった」、「インドはイギリス人にではなく、近代文明に踏みにじられている」と指摘した。ガンディーは、近代西欧文明は生活の利便性を高めて人びとを幸福にしたのではなく、逆に、害したとみたのである。その一例として、西欧の物質文明の象徴ともいえる鉄道を挙げた。なぜ、鉄道が悪いのか、その理由は、「人間は自分の手足でできる範囲内だけ、行き来しなければならないように生み出されている」ので、「鉄道などの手段で奔走しなければ、たくさんの込み入った問題はないでしょう」ということにあった。ここから独立運動に関連して、「まずインドの鉄道が通っていない地域を六ヵ月歩き、それから愛国心を、その後で自治を語らなければならない」という提言がでてきたのである。

南アフリカ時代のガンディー

アジアをはじめ世界の国々は、独立すると精力的に経済開発を進めて、植民地時代の貧困からの脱却と国民の生活向上、それに普通教育の普及に努めたが、ガンディーは、これらも「悪い」政策とみた。その理由は、現代インド史研究者の長崎暢子によると、「ガンディーがインドの独立は宗教の重要性を深く認識したうえで、近代西欧文明を徹底的に批判して、過剰な生産や消費を追求しない、自給自足的村落の生活を理想とするものと考えたことにあった」、のである。

近代西欧文明を否定するガンディーにとり、「自給自足の村落生活」が人間としての理想形態であることから、次のような主張がなされることになる。

ある農民が耕作をして、正直に日々の糧を稼いでいます。……住んでいる村でどのように仕来たりを守るか、このすべてでも十分に心得ています。道徳律を理解し、守っています。しかし、署名はできません。この人に識字を施して、あなたはなにをしたいのですか？　この人をもっと幸せにしようとしているのですか？　粗末な小屋や生活に不満の気持を生みだしたいのですか？　そうだとしても、識字を施す必要はありません。西洋に感化され、人々を教育しなければならない、と私たちは思い込んでいるのです。(『同』一二三頁)

農民が生活を改善して向上するために、文字を学ぶことを否定するガンディーは、独特の文明観の持ち主と言わざるを得ない。

インド文明に対する誇り

ガンディーがかくまでも近代西欧文明、とりわけ物質文明を否定した裏には、それとセットになった、理想のインド文明があったのである。

私は信じているのですが、インドが示した文明に、世界のどの文明も到達できそうもありません。私たちの祖先が播いた種子に匹敵できるようなものは見られません。ローマは滅亡してしまい、ギリシャは名ばかりのものとなり、ファラオの帝国は滅び、日本は西洋の爪に捕えられてしまいました。中国についてはなにもいえません。……ヨーロッパの人々の状態はこのように惨めなものですが、インドは不動です。これこそがインドの栄光です。（『真の独立への道』八〇～八一頁）

いま、ガンディーは独特な文明観の持ち主だと言ったが、その理由は、ガンディーが考える文明が、西欧で誕生したものとは違うからである。すなわち、「文明とは、人間が自分の義務を果す行動様式」のことである、「義務を果すことは道徳を守ること」である、「道徳を守ることは、私たちの心と感覚器官を統御すること」である、としたうえで、「このようにして、私たちは私たち自身を認識する」、と考えているのである。要するに、ガンディーにとり文明とは、物質的なものではなく、人間生活における道徳律のことなのである。その反近代西欧文明の是非はさておいて、本書でみてきた民族意識を持った啓蒙思想家と同様に、ガンディーもまた、自国の文明に誇りを持つ、芯からの民族主義者であることは間違いないのである。

最後に、近代西欧文明を拒否したガンディーが考えた、理想のインド社会がどのようなものかみておく。ネルーがそれを伝えている。それによると、ガンディーの理想の社会は、「最も貧しいものでもその建設に有効な発言権をもち、自分の国と感ずるような社会」、「人びとに上層階級も下層階級もない社会」、「不可触賤民制というのろいも、酒や麻薬ののろいも入る余地はなく、女性も男性と同じ権利を享受する社会」、というのがそうである。ガンディーにとり、平等が理想のインド社会のキーワードと言えるが、その意味は、カースト制度などによる身分差別を排した「機会の平等」のことであり、これはネルーの考えとほぼ同じである。

3 誇りあるインドの発見――「文明家」ネルー

生い立ちと経歴

ジャワハルラル・ネルー（一八八九〜一九六四年）は、インド北部のウッタルプラデシュ州のアラーハーバードで、モーティーラール・ネルーの一人息子として生まれた。一族はバラモンのカーストに属し、父は著名な弁護士・政治家で、国民会議派議長を務めたことがある。ネルーは一九〇五年（一五歳）にイギリスに留学し、名門高校のハロー校で二年、ケンブリッジ大学で三年学び、ロンドンのインナー・テンプルで弁護士の資格を得た。イギリス留学は七年に及んだが、ガンディーがそうだったように、インドの裕福な上流階級では、子供をイギリスに留学させることは一般的だったのである。ネルーはイギリスで様々な教養科目を学んで近代西欧文明と民主主義に強い関心を持ったが、当時、インドで高まりつつあった独立運動にも関心を持ち、一九一二年に帰国した。

帰国すると、ただちに国民会議派の運動に加わり、ガンディーが主導権を握ると、しばしばその独特な手法に反発しながらも、「弟子」として非暴力・非抵抗の独立運動に関わり、一九二八年に国民会議派書記長、翌二九年に議長に選出された。ネルーは、ガンディーの下で独立運動指導者になったのである。この間、一九一六年に父の勧めで、カシミール州出身で実業家の娘カマラーと見合い結婚をし、後に首相になる一人娘のインディラ・ガンディーが生まれた。一九二六年に夫人の病気療養のために、一年九ヵ月ヨーロッパに滞在し、この間にベルギーで開催された「反植民地会議」に参加し

ジャワハルラル・ネルー

1889年　アラーハーバードで生まれる
1905年　イギリスに留学
1912年　帰国
1916年　インド国民会議派に参加
1927年　ソ連を訪問
1929年　インド国民会議派議長に
1939年　中国を訪問
1944年　監獄で『インドの発見』を執筆
1947年　インド独立を達成し、初代首相兼外相に
1954年　ネルー・周恩来会談で「平和五原則」を表明
1964年　首相在任中にニューデリーで死去。74歳

弁護士時代のネルー

て、インドネシアのハッタと知り合ったが、夫人は一〇年後の三六年に病死した。そして、一九二七年にソ連を訪問して、社会主義国家の実際の姿を自分の眼で見たことが、二年後の国民会議派大会で、独立後のインドが採るべき道として「社会主義型社会」を唱えたことに繋がった。また、一九三八年に内戦が続くスペイン、翌三九年に日本侵略下の中国の重慶を訪問して、世界の動きを観察する機会を持った。世界の情勢に熟知した政治家ネルーは、このようにして誕生したのである。

一九三七年に国民会議派の州政府が誕生すると、ネルーもその一員になったが、イギリスに対して「インドから出て行け」闘争を開始すると逮捕・投獄された。ネルーは、一九二一年の最初の逮捕・投獄以降、全部で九回逮捕され、通算で九年獄中生活を体験したが、最後に釈放されたのは、第二次世界大戦が終わる直前の四五年夏のことだった。

監獄で書いた主要著作

ネルーは何回も投獄されたが、結果的に、これがインドの文明やイギリスの植民地支配や独立運動などについて省察し、それを本にまとめる格好の機会になった。ネルーの代表的著作の一つで、一九三六年に刊行された『父が子に語る世界歴史』は、三〇年代初めに投獄された時、当時一三歳だった娘のインディラに宛てた手紙形式で書いたものである。アジアやヨーロッパの古代史からはじまり、第二次世界大戦前夜までの世界各地の出来事を扱った同書は、優れた世界史であると同時に、詳細なインド文明史でもある。ほぼ同じ時期に『自伝』（一九三六年）も書いたが、これは、晩年に独立運動家としての生涯を回顧したものではなく、当時四七歳で独立運動に苦闘しているさなかに、これまでの自分の歩みと考えを述べたものである。

もう一つの重要な著作の『インドの発見（上）（下）』は、最後の、そして最も長いものとなった第二次世界大戦中の一九四二年八月～四五年六月にかけて、約二年一〇ヵ月投獄された時に、アフマッドナガル監獄で四四年四月～九月に書いたものである。同書は、ネルーがインドの過去と現在、イギリスの植民地支配などをどのようにみていたか、よく示している。

以下では、ネルーが啓蒙思想家の立場から、イギリスの植民地支配とインド社会の何が問題だと考えたのかなどをみる。

インドの探求

投獄中にネルーは、自分が生まれ育ったインドについて思いを巡らせたが、これは、インドとは何かという探求でもあった。「インドとは一体何ものなのか。過去においてインドが意味していたところのものは何か。……どうしてインドはあの昔の力を失ってしまったのか」、と自問したが、これは、まるで哲学者や文明家のそれのようである。同時に、自分のインドを見る眼が、七年滞在してその一員だった西欧人のそれであることに気づいた。「インドは私の血液のなかにあり、インドには本能的に私の血を沸きたたせる多くのものがあった」、しかし、自分が、「ほとんど異邦の批判者の眼を以ってインドに近づいて行った」こと、すなわち、「西洋経由でインドに近づ」き、「好意的な西洋人のやりそうな仕方でインドを眺めた」ことを自覚したのである。

このように、西洋かぶれに似た眼でインドをみていたネルーだが、しかし、ほどなくしてインドが持つ魅力を発見したのである。

私はインドの歴史を読み、またその夥しい古代文学の一部を読んで、思想の力強さ、言語の明快さ、そしてその背後にある精神の豊かさに深い感銘を受けた。……伝統と文化的な生活がかくも連綿とつづいた例は他にただ中国あるのみである。しかもこの過去のパノラマは、不愉快な現在の中に次第に姿を没していった。インドは、そのあらゆる偉大さと安定性とにも拘らず、いまや奴隷の国、イギリスの隷属国であった。(『インドの発見(上)』五五、五七〜五八頁)

インド文明への愛着を熱く語るネルーは、自国の伝統思想を徹底的に批判した福沢や陳独秀と違うだけでなく、啓蒙思想家、あるいは独立運動家というよりも、文明家の肩書がふさわしい。インドの文明と民族文化に誇りを感じたのは、ガンディーと同じだが、しかし、その偉大な文明国インドがイギリスの奴隷国(植民地)になったという現実のなかから、独立運動家ネルーが誕生したのである。

インドが植民地になった要因の考察

インドの現実に眼を向けたネルーの考察は、なぜ、かつて文明を誇っていたインドが植民地になったのかに向けられた。ここから、「昔は顕著で、もっと盛んな科学の発達を導いたかもしれなかった探求の合理的精神は、非合理主義と過去の盲目的な偶像崇拝に城をあけ渡してしまった」こと、したがって、「世界の他の部分は前進しているのに、インドが衰退してしまい、硬直して動きがとれぬままになっていなければならなかったのも、驚くには当らない」、という結論を得たのである。科学と合理主義精神の用語を使ってインドの因習や偶像崇拝を批判するネルーは、まさしく啓蒙思想の眼でインドをみたのであり、かつては潑剌とした合理主義精神の下で世界に躍進していたのに、その後、内向きになり自己満足状態に陥ったことが、植民地になった原因とみたのである。具体的には、二つの内的要因を指摘した。一つは、インド社会の停滞的性格である。もう一つはカースト制度で、次のように言う。

欠点はあったにもかかわらず、人間性と社会のいくつかの本質的な要求を満たしていたので、こんなにも長い間亡びることなくつづいたのであった。……インドの文明はその目指したものの多くを達成したが、まさにそれが達成されたということで、生命が凋落しはじめた。生命というものは、硬直した変化のない環境に長い間生きているには、あまりにも動的なものだからである。（『インドの発見（下）』七〇八、七〇九頁）

ネルーの、カースト制度は一面ではインド社会を支えてきたが、他面ではその生命を硬直させたという批判は、福沢や陳独秀の儒教批判に通底するものである。インドがその文明の素晴らしさに「自己満足」に陥り、変革や新たな創造を怠ったことに停滞＝植民地化の原因があったとみたネルーは、カースト制度の変革に取り組むことになる。

優れた近代西欧文明

それでは、停滞状態に陥ったインドに較べて、近代西欧文明は何が勝っていたとみたのだろうか。ネルーは近代西欧について次のように言う。「インドに欠けていたものをこそ、近代の西洋は所有していた、所有し過ぎていた」、「それは動的な物の見方であった」、そして、「動的であったが故に、前進的であったし、活気にみちていた」、とみたのである。イギリスについては次のように言う。「イギリス人は政治的にずっとさきに進んでいた。彼らはすでに、政治革命を終え、王権の上に議会の権力を確立していた。その中産階級は、自らの新しい力を意識して、拡大してゆこうとする衝動にあふれていた。成長し、進歩しつつある社会のしるしである。あの活力とエネルギーとが、イギリスにきわめて顕著であったことはいうまでもない」、と。

ネルーが、ここで描写したのは、西欧社会の常に変わろうとする、すなわち、進歩しようとする活動的な姿である。イギリス留学時代にその息吹を体感した合理主義精神については、「実用的で実践的、倫理的で社交的、愛他的で人道主義的である」、としたうえで、「それは社会の改善を目指す実際的な理想主義によって支配されている」、と高く評価した。ここから、「近代西欧は教えるものを大いに持っている。現代の精神は西欧に代表されているので、インドも中国も西欧から学ばなければならない」、という教訓を引き出したのである。これは、福沢や陳独秀とまったく同じであり、ネルーも近代西欧文明から強い感化を受けたのである。

近代西欧文明（イギリス）の問題点

しかし、「動的」な西欧が「静的」なアジアや世界各地を支配下に入れたとはいえ、カルティニと同様に、ネルーも近代西欧文明が全能ではないこと、その内部に問題を抱えていたことを知っていた。ここから、西欧が二つの顔を持ったものであること、具体的には、インドにおけるイギリスの二つの顔を指摘する。

> 二つのイギリスのどちらがインドへやってきたのであろうか。シェイクスピアーとミルトンの、高尚な演説や著作と勇敢な行為の、政治革命と自由のための闘争の、科学と技術的進歩のイギリスであったろうか。それとも、野蛮な刑法と残忍な行動の、護りを固めた封建主義と反動のイギリスであったろうか。……この二つのイギリスは、相並んで、たがいに影響し合いながら生きており、切りはなすことができない。またその一方が、他方を全く置き忘れて、インドへ来るというわけにもいかない。……インドにおいては、悪いイギリスの方が、主役を演ずる羽目になり、しかも、その過程において、悪い方のインドと接触し、それを助長する立場に立たされるというのが、避けえ《ママ》られぬことであった。（『インドの発見（上）』三九三頁）

ここでネルーが言っている「悪いイギリス」とは、「インドにきたイギリス人は、政治的にも社会的にも革命的な連中ではなかった。彼らはイギリスにおけるもっとも反動的な社会階層を代表する保守派だった」、というのがそうである。このように、イギリス（近代西欧文明）の問題点を内側から鋭く抉ったネルーの指摘は、福沢も陳独秀も、そしてカルティニも決して言えるものではない。感受性の強い青春時代に七年滞在して、その優れたところも醜いところもつぶさに観察し、帰国後は、イギリス人植民地支配者の醜悪な姿を毎日見続けた、ネルーにしてはじめて言えることだからである。

ここから、「インドの発展はイギリスによって阻止された。工業の発展が妨げられ社会の発展も阻止された」、というイギリスのインド統治批判が生まれたのである。ネルーは、インドが停滞した最大の原因は、イギリスが意図的にその発展を阻止したことにあったとみたが、これは、カルティニのオランダ統治批判とまったく同じである。

イギリス人の人種差別批判

西欧諸国の支配下に置かれた世界各地の人びとは、こぞって西欧人の人種差別を非難したが、ネルーもイギリス人の人種差別に対して強く異議を唱えた。「インドにおける人種的差別観は、イギリス人対インド人というよりも、アジア人に対するヨーロッパ人というものである」、としたうえで、「汽車の座席、公園のベンチ等に、「ヨーロッパ人専用」とマークされているが、自分の国でこの有様を我慢しなければならないのは、インド人が奴隷的地位にあることを、屈辱と憤怒の気持で思いおこさせるものである」、と強い言葉で非難したのである。これは、インドと同様に西欧諸国の強い影響下に置かれたとはいえ、植民地支配を経験したことがない日本の福沢や中国の陳独秀には、この屈辱を「実感的」に理解することは難しかったのではないかと思われる。

ネルーの手厳しい批判を聞くと、なぜ、文明を誇ったイギリス人（西欧人）がかくも凄まじいまでの優越意識でインド人に臨んだのかという疑問が起こる。その是非は別にして、そこには、彼らなりの論理と心理があったのである。

> 数千年もの昔から、インド亜大陸に侵入した征服者たちは、程度の差こそあれ、インドの社会と文化にのみこまれていきました。しかしヴィクトリア朝時代のイギリス人だけはちがっていたのです。科学技術の発達のおかげで本国と容易に連絡がとれるようになり、さらには知性においても宗教においても自分たちのほうが絶対的にすぐれているという自信が深まった結果、彼らはインド社会にのみこまれることなく、逆に溝《みぞ》を深めていったのです。（ロバーツ／東眞理子訳『［図説］世界の歴史　第八巻』六九頁）

イギリス人の歴史家のJ・M・ロバーツのこの指摘は、インドネシアにおけるオランダなど、すべての西欧諸国にあてはまる。ここで指摘されるべきことは、これは、科学、啓蒙思想、産業革命などが誕生した西欧が世界で一番優れた文明の地域であるという、過剰なまでの「自負」が生んだものだったことであり、近代西欧文明の「負」の側面の一つでもあったのである。

「共産主義者」と「西洋かぶれ」批判

インドの独立運動を担ったのは、西欧型教育を受けた国民会議派の人びとだけでなく、ロシア革命の影響を受けた共産主義者も登場して、一九二五年にインド共産党が創られて運動を開始した。しかし、中国やインドネシアほどには国民の間に影響力を持たなかったが、ネルーによると、その原因は、「共産党がインド人の心を満たしている民族的伝統から全く絶縁していて、それを無視していたこと」にあった。インドの民族文化に強い愛着を持つネルーの眼には、それを無視する共産主義者は国民から遊離した存在と映ったのである。

ネルーは返す刀で、一見すると、自分と同様に、近代西欧文明に関心を寄せる啓蒙思想家のようだが、それとは無縁の西洋かぶれを切った。

この点で失敗しているのは、ひとりインドの共産党だけではない。そのほかにもモダニズムとか、近代的な流儀とか達者にしゃべりまくるが、近代精神や西洋文化の本質については何も本当には理解していず、同時に自分たち自身の文化についても無知な人々がある。……彼らは西洋の外面的な形式とか、うわつらの飾りを（それも往々にして好ましくない方の特色を）取り入れて、しかも自分たちこそ前進する文明の前衛だと夢想している。単純で浅薄でありながら、自信満々の彼らは、主に二、三の大都市に住んで、東洋の文化にも西洋の文化にも生きたつながりをもたない不自然な生活をしている。（『インドの発見（下）』七二四頁）

民族文化を軽視する共産主義者と、西洋かぶれを批判するネルーは、改めて、啓蒙思想に依拠した民族主義者であることが分かる。

カースト制度に切り込む

独立運動家であると同時に、イギリス植民地下の自治州政府の一員になるなど、政治家でもあったネルーの眼は、独立後のインドにも向けられていた。ネルーが考えた、インド社会の変革されるべき点は、どのようなものだったのか、その重要な一つが、インドの特質とも言える宗教のあり方だった。ネルーは、「一部のヒンドゥー教徒はヴェーダの時代に還れといい、一部のムスリムはイスラームの神政を夢みているが、これは馬鹿げた空想でしかない」、と批判し、「たとえそれが望ましいと考えられても、過去への復帰などありえない、逆戻りはない。時間にはただ一方通行あるのみである」、と述べて、宗教の「後ろ向き」の政治的主張を全面的に否定した。合理主義精神を持ち、歴史の進歩を確信する啓蒙思想家ネルーの面目躍如というところだが、宗教をどうしようとしたのだろうか。

> インドは、その宗教癖を減じて、科学に向かわねばならない。……カーストは過去において一定のグループにたいする圧迫を導き出したばかりではなく、……それは伝統主義に立脚した貴族主義的な考え方である。このような見解は、近代の諸条件や民主主義的理想に全面的に反対するものであるから、徹底的に改める必要がある。(『インドの発見（下）』七二八、七二九頁)
>
> インドは過去の多くのものを絶ち切って、それが現在を支配しないようにしなければならな

い。われわれの人生は、この過去の枯木によって行く手を塞がれている。死せるもの、任務を果しおえたものはことごとく退去しなければならない。(『同』七二三頁)

ネルーは啓蒙思想のキーワードである科学と民主主義の観点からインド社会に深く根を張るカースト制度に切り込んだが、これは、福沢と陳独秀の儒教批判とほとんど同じである。とはいえ、二人のように全面的に否定したのではなく、インド人の生活と進歩を妨げている、宗教の本質から離れた、形式的儀礼を重視するだけの因習的慣行や身分差別を変革しようとしたのである。

ヒンドゥー教の旧弊を批判したのは、ネルーだけではない。ベンガル州の格式が高い富裕なバラモン一族に生まれ、西欧型教育を受けて「近代インドの父」と呼ばれた啓蒙思想家で社会活動家のラーム・モーハン・ローイも、その一人だった。ローイは、ネルーが生まれる前の一九世紀前半に、合理主義精神の観点からヒンドゥー教の改革を試みて、偶像崇拝や、夫が亡くなった時、夫の死体と一緒に妻が生きながら焼かれる慣行のサティーを厳しく批判した。

差別されたアウト・カーストの一員で、不可触民解放運動の指導者でも政治家でもあった、ネルーとほぼ同世代のアンベードカルも、その一人である。アンベードカルは、「不可触民(アウトカースト)はカースト制の副産物である。カーストが存在する限り不可触民は存在する。カースト制の破壊以外に不可触民の解放はありえない」、と述べてカースト制度を糾弾し、それを自ら実践すべく、一九五六年に多くの不可触民とともに、仏教徒になったのである。

ネルーが目指したインド

それではネルーは、宗教などの民族文化ではなく、どのような原理で新たにインド社会を創ろうとしたのだろうか。いくつか原理があったなかで、ここでは「平等」と「適切な経済活動」を挙げてみたい。ネルーは次のように言う。

> インドにおいては、とにかく、われわれは平等を目標としなければならない。……それは、万人にたいする均等な機会を意味し、どんな個人または集団の行手にも政治的・経済的・社会的な障壁を設けないことを意味する。……もし時代の精神が平等を要求しているならば、それはまたそれに適合し、かつそれを促進させるような経済制度をも必然的に要求するにちがいない。（『インドの発見（下）』七三〇頁）

ネルーは、インドの発展のために、カースト制度など宗教の因習に基づいた差別をなくして、人びとの機会を「平等」にすることを主張したが、これはガンディーの「理想のインド社会」とほとんど同じである。そして、インド人の生活水準を改善するためには、西欧諸国のような経済が不可欠とみたのである。ただ、経済活動には「一定の限度がある」と付け加えたが、これが、飽くことなく無限に富を追求することが「称賛」される西欧の資本主義社会と、「物質に対する抑制心」を重んじるインド社会との違いの一つでもあり、これも物質文明を否定したガンディーと通底するものである。

独立後のネルー首相

インドは一九四七年八月に独立すると、ネルーが首相に就任して、六四年に病死するまで一七年、新生国家の国家建設を担った。これが、啓蒙思想などの言論活動で生涯を終えた福沢や陳独秀やカルティニとの違いの一つである。独立後に実施された最初の一九五一～五二年総選挙で、ネルー率いる国民会議派は、下院四八九議席のうち三六四議席（七四パーセント）を得て圧勝した。勝因は、同派がインドの独立運動を指導した唯一ともいえる政党だったこと、宗教や民族や言語などで分節するインド社会を一つに纏めるには、これらを超えた価値観（民主主義）を掲げた同派を必要としたことにあった。ネルー首相の国家形成は、この盤石な政治基盤のうえに行われたものであり、目標はインドを自由と平等を原理にする民主主義社会にすることに置かれ、そのために三つの基本政策が採用された。

第一は、宗教と国家（政治）を峻別する政教分離（世俗主義）である。ネルーは、インドは国民の宗教意識が「強すぎる」とみていたので、ここから西欧で誕生した、政治から宗教を排除する世俗主義を国家運営の原理にしたのである。この方針の下で、それに、いまみた、国民の機会を平等にする国創りの下で、これまで抑圧されていたアウト・カーストの社会的地位を向上させる政策が導入された。その一つが、彼らに対する差別を禁止した一九五五年の「不可触民制（犯罪）法」であり、議会の一定議席をアウト・カースト出身者のみに与える選挙制度も、その一つだった。また、彼らは高等教育機関の入学や公的機関の雇用でも一定比率で優遇された。しかし、独立後も、一部のヒンドゥー教徒の間で、禁止令にも拘わらず、サティーの慣行が農村などで強制される事件が報告されており、社会に深く根付いた宗教慣習を変えるのは容易でないことがわかる。

第二は、経済分野の社会主義である。ネルーはインドを「社会主義型社会」にすることを目指したが、芯からの民主主義の信奉者であるにも拘わらず、経済原理を社会主義にしたのは、インドが貧しくなったのはイギリスの資本主義に搾取されたためであり、これから脱却するには社会主義以外にないと考えたからだった。インドの経済原理は、資本主義と社会主義が混合したものであることから「混合経済」と呼ばれた世界でもユニークなもので、一九九一年に資本主義型開発に転じるまで続いた。「社会主義型社会」建設のために、鉄鋼など重化学産業に重点的に公共投資を行うなど、精力的に国家主導型工業化を進めたが、その反面、国民の大多数が従事する農業の改善が等閑視されたことを否めない。インド経済が成長の軌道にのるのは、ネルー後のことである。

第三は、非同盟外交である。これは、第二次世界大戦後にアメリカとソ連が対立した冷戦がはじまったなかで、インドがどちらの陣営にも属さない非同盟主義を掲げたものである。とはいえ、これは消極的政策ではなく、インドネシアのスカルノ大統領、中国の周恩来首相などと共に、一九五五年にインドネシアのバンドンで「アジア・アフリカ会議」を開催するなど、西欧諸国の植民地支配から脱却した第三世界諸国の積極的な自立外交政策であり、ネルーはリーダーの一人だったのである。

これらの基本政策を軸に国創りが進められたが、しかし、独立にさいして、ガンディーやネルーの尽力にも拘わらず、ムスリム住民が分離してパキスタンを創ったし、イギリス植民地時代に藩王国だったカシミールの帰属を巡ってパキスタンと戦争が起こり、この問題は、現在も解決していない。また、国内の宗教紛争や民族対立、それに、中国とも国境や領土を巡って戦争がおこるなど、国家形成は必ずしもスムースではなかったことは事実である。ネルーの死後は、イギリスに留学した一人娘のインディラ・ガンディーが、一九六六～七七年、八〇～八四年に首相を務めたが、彼女が辿ったコースは父ネルーとほとんど同じである。ただ、インディラは父と違ってしばしば強権的手法に依拠して統治を行った。その後、孫のラジブ・ガンディーも一九八四～八九年に首相を務めたので、インドは「ネルー王朝」の様相を呈した。しかし、二人ともにネルーが批判した、インド人の「宗教癖」を原因に暗殺されたし、二〇一九年総選挙で国民会議派が惨敗して、ヒンドゥー教至上主義を掲げるインド人民党が政権を握り、ネルー王朝の終焉が囁かれるなど、現在、インドは「ポスト・ネルー時代」に入ったのである。

これまでみてきた啓蒙思想家のなかで、ネルーは、インドをはじめとして世界各地の文明に対する深い造詣、啓蒙思想と民主主義に対する揺るぎない信念、そして政治家としての行政手腕を持っていたことから、「行動力を持った啓蒙思想型政治家」と形容できるが、今後インドで、ネルーが描いた自由と平等の民主主義社会がどのようなものになるのか、定かではないのである。

第四章

残念ながら私はわが国に生まれた

朝鮮・ベトナム・タイ・シンガポール・トルコ

ベトナムのフエにあるファン・ボイ・チャウ記念館

啓蒙思想家や民族主義者が登場して、西欧に倣った近代化改革によって自立を追求したのは、これまでみてきた国だけでなく、それ以外の国や地域も同様であり、主張内容や運動形態の違いこそあれ啓蒙思想活動とよべるものが起こっている。本章では、朝鮮（韓国）、ベトナム、タイ、シンガポール、それにトルコをみる。

1　朝鮮の「挫折」した近代化改革——朴泳孝・兪吉濬・尹致昊

中国に隣接する朝鮮は、歴史的にその軍事的、文化的な強い影響を受けて、歴代王朝国家は、中国の皇帝が周辺国の支配者を国王に任命して従属国にする「冊封体制」に入った。ここから朝鮮の政治文化は儒教思想が支配的となり、統治において儒学の素養を持った者を官僚に登用する科挙制度が採用された。そして、高麗時代（九一八～一三九二年）に朝鮮独特なものが誕生した。文官と武官からなる官僚を、排他的に独占した特権的集団の両班が形成されたことがそうである。儒教、科挙、両班が朝鮮のキーワードであり、とりわけ儒学者でもある文官は社会エリートだった。朝鮮の近代化を目指した啓蒙思想家にとって、これをどう乗り越えるかが大きな課題になったのである。

日本の植民地化

一九世紀後半になると、明治維新後に近代化を開始した日本が朝鮮に領土的関心を持ち、ロシアもシベリアに国土を拡張すると、その南に位置する朝鮮と満州に関心を持ったので、植民地化の危機が迫った。朝鮮は一九世紀後半に、中国（清）、日本、ロシアの「争奪戦」の地となったが、周知のように勝利したのは日本である。その経緯は次のようなものだった。

日本は徳川幕府から明治政府に代わると、一八七一年に清と「日清修好条規」を締結して外交関係を樹立したが、朝鮮は日本が送付した外交文書を、形式の不備を理由に受理を拒んで樹立を拒否した。そのため日本は朝鮮半島に軍艦を派遣して圧力を加え、一八七六年に「日朝修好条規」を締結して強制的に外交関係を結んだ。これは、治外法権や貿易を無関税にするなど、日本に有利な内容の不平等条約であり、徳川時代末期にアメリカなど欧米諸国から強いられたものを、朝鮮に対して行ったものだったのである。

その後、一八九四年に、朝鮮を支配下に置きたい日本と、冊封体制の下で朝鮮を属国にしていた清との間で日清戦争（九四〜九五年）が起こった。軍の近代化に成功した日本が勝利し、下関条約で清は、朝鮮に対する宗主権の消滅、すなわち、朝鮮が独立国であることの承認、台湾と遼東半島の割譲などを認めた。しかし、遼東半島の割譲は、これにより朝鮮の独立が有名無実になることを懸念したロシアが、フランスなどとともに三国干渉して返還を要求すると、ロシアと戦うだけの軍事力がなかった日本は要求に応ぜざるを得なかった。これによって日本の影響力が弱まると、一八九五年に朝鮮でクーデタが起こり親露政権が誕生したが、日本は反日勢力の指導者とみなした王妃閔妃《ミンビ》を殺害して親日政府を創ったのである。

次いで、日清戦争から約一〇年後に、日露戦争（一九〇四～〇五年）が起こったが、新興国の日本が勝利して、ロシアは日本が韓国を主導する権利を認めた。その前に朝鮮は、下関条約で確認された、朝鮮が独立国であることを示すものとして、一八九七年に国名を「大韓帝国」に、支配者の称号を国王から「皇帝」に変えていた。二つの戦争の勝利によってライバル国の排除に成功した日本は、一九〇五年の「第二次日韓協約」で韓国を保護国にし、一〇年に併合して植民地にしたのである。併合すると再度朝鮮とした。

近代化改革を志向する開化派の登場

儒教思想と科挙制度に支えられていた朝鮮でも、植民地化の危機が迫ると、近代西欧文明に依拠した近代化改革を行って、自立を図る知識人の一群が登場し、彼らは開化派と呼ばれた。これは、清の洋務運動と日本の明治維新の影響を受けて、政府が清に留学生を派遣したこと、それに日本に視察団を派遣したことではじまったもので、日朝修好条規の締結前後の時期に形成されて、一八八〇年代に政治の表舞台に登場したものである。開化派の運動は知識人による「上からの近代化改革」であり、急進派と穏健派に分かれた。朝鮮開化派研究者の月脚達彦によると、両派ともに近代化改革を志向する点、それに、改革には日本の支援が不可欠と考える点では同じだが、違いは、急進派が、中国（清）との宗主関係である冊封体制を破棄して、朝鮮が独立国であることを明確にし、そのうえで日本と協同して改革を行おうとしたのに対し、穏健派は、清との宗主関係を維持しながら、日本との連携の下で改革を行おうとしたことにあった。両派の違いは清との関係をどうするかにあったのである。

甲申政変――開化派急進派の近代化改革

最初の近代化改革が、一八八四年の開化派急進派によるものである。科挙試験に合格した金玉均《キムオッキュン》、それに朴泳孝《パクヨンヒョ》などが主な指導者で、二人とも両班に属するエリート官僚だった。日本の近代化に強い影響を受けた彼らは、その支援を受けた改革、すなわち、日本の手を借りて、清が支援する守旧派の閔氏政府を倒して親日政府を創ることを考えた。何回か来日した主導者の金玉均はその理由を、「私は三年前から、朝鮮の独立を維持し、旧習を変革するには、日本の手を借りるほかにないと考えていた」、と述べている。この意向を受けて、近代化改革に手を貸した日本人には、政治家だけでなく啓

朴泳孝
1861年　京畿道で生まれる
1882年　修信使として来日
1884年　金玉均らとクーデタを起こし失敗、日本に亡命
1885年　アメリカに旅行
1887年　明治学院に入学
1894年　帰国。内務大臣に
1895年　失脚し再び日本に亡命
1910年　日本の韓国併合により、朝鮮貴族（侯爵）に
1939年　京城で死去。78歳

蒙思想家もいた。福沢がそうであり、「二十年ほど前の自分の事を思うと、同情相憐れむものがある」、として急進派に共鳴し、門下生を朝鮮に派遣して新聞刊行を支援しただけでなく、急進派と関わりの深い朝鮮人留学生を慶応義塾に受け入れたのである。急進派の近代化改革は「甲申政変」と呼ばれたが、その概要は次のようなものだった。

朝鮮は一八八二年に勃発した軍事反乱の「壬午軍乱」以降、清を後ろ盾にする閔氏勢力と、日本が支援する急進派勢力の対立が続いたが、八四年六月にベトナムの植民地化を巡って清仏戦争が起こり、清がそれに軍事力を割かざるを得なくなると、急進派は閔氏勢力を一掃すべく、同年一二月に日本公使の政治支援と軍事支援を得てクーデタを断行し、彼らを追放した。政府の実権を握ると、「門閥を廃止して人民平等の件を定め、人によって官を選び、官によって人を選ばないこと、全国の地租の法を改革して官吏の不正を防ぎ、民の困窮を救い、兼ねて国の収入を豊かにすること」など一四ヵ条からなる近代化改革の政令を出した。しかし、クーデタを知った清がただちに一五〇〇人の軍隊を派遣して武力介入すると、日本軍が引き上げたので、クーデタは失敗して「三日天下」に終わったのである。指導者の金玉均と朴泳孝は日本に亡命したが、国内で捕らえられて処刑された者もいた。その後、金玉均は改革の助力を得るために清に渡ったが、朝鮮政府が放った刺客の手により一八九四年に上海で暗殺された。

このように急進派の運動は失敗したが、啓蒙思想の影響を受けた彼らは、失敗後も近代化に向けた言論活動を行った。ここでは、急進派を代表する啓蒙思想家の朴泳孝（一八六一～一九三九年）の言説をみることにする。朴泳孝は、日本との国交樹立を主張した開明的政治家である朴桂寿の門下生の一人で、一八八二年に政府使節の一員として日本を訪問した経験を持ち、金玉均、それに兪吉濬《ユギルチュン》や尹致昊《ユンチホ》も門下生だった。朴泳孝は日本亡命中の一八八八年に、朝鮮国王に対して近代化改革の必要性を説いた『建白書』を書き、そのなかで、なぜアジアが西欧諸国の支配を受けることになったのか、その原因は次のことにあると指摘した。

臣が按ずるに、アジアは天下の霊気が集まる所です。故に儒、仏、耶蘇、及び回回教の祖は、みなこの土地から出て、古昔の盛時には文明でなくはありませんでした。しかし、近代に至って却ってヨーロッパに譲ったのはなぜでしょうか。蓋し、諸邦の政府が民を奴隷として見て、これを仁義礼智をもって導かず、これを文学才芸をもって教えなかったからです。故に人民は蠢愚《しゅんぐ》無恥で、他人に領《おさ》められても恥であることを知らず、禍乱が迫って来ても気付くことができません。これは政府の過ちです。人民の過ちではありません。（月脚達彦訳『朝鮮開化派選集』一〇四頁）

これは、西欧の近代国家と比較して、朝鮮国家の旧態依然たる姿を批判したものである。これとの関連で、日本の近代化を、「朝鮮と比べて国土に大小の違いがあまりなく、物産の生産量もほとんど違わないが、日本はすでに開明の道に就いて、文芸を修めて武備を治め、西欧の強国とほとんど肩を並べている」、と称賛した。そして、国家のあり方との関連で、近代西欧文明の意義を説いた。

凡そ人は文明に進めば、政府に服従する義及び服従すべきでない義を知り、また他国に服従すべきでない義を知ります。これは他でもなく、礼儀廉恥を知っているからです。この故に、未開無識の民は蠢愚懶惰《しゅんぐらんだ》なので、圧制の暴政を忍んでこれに安んじることができます。開明識理の民は英慧剛毅なので、束縛の政に服さずにこれを動かします。……このため、誠に一国の富強を期して万国と対峙しようとすれば、何よりも君権を減少させ、民に当分の自由を得させて各々に報国の責任を負わせ、然る後に次第に文明に進むべきです。(『同』一三〇、一三一頁)

近代西欧文明に依拠して朝鮮の文明化を説いた朴泳孝の言説は、これまでみてきた啓蒙思想家のそれとほとんど同じだが、しかし、それとは異なる決定的ともいえる違いがあった。それが、西欧を称賛しながらも、彼の心のなかを儒教思想が占めていたことである。言ってみれば、近代西欧文明と儒教の「融合」を試みたのである。これを示す言説が、「朝鮮は儒・仏の教がかつて盛んだったが、近日に至って儒・仏が共に廃れて国勢が次第に弱まってしまった。儒教をもとどおり盛んにして文徳を修めれば、国勢もまた盛んになる」、「科挙の試験で文官を択ぶこと」、などがそうである。啓蒙思想の強い感化を受けた福沢、陳独秀、胡適は儒教を厳しく批判したが、朴泳孝は、近代西欧文明を受け入れながらも、儒教を基礎に朝鮮の近代化改革を行おうとしたのである。また、これまでみてきた啓蒙思想家が、専制王制に代えて共和制や立憲君主制にしようとしたのに対し、そもそも朴泳孝の建白書は国王に宛てられたものであり、近代化改革によって国王の専制支配を護ることが目的だったのである。これが朴泳孝の、もっと言えば、開化派急進派の限界でもあったように思われる。

甲午改革——開化派穏健派の近代化改革

失敗した急進派の改革運動から一〇年後の一八九四〜九五年に、今度は開化派穏健派による改革運動が起こった。「甲午改革」がそうである。日本を訪問して近代化の成果を目の当たりに見た、政治家の金弘集《キムホンジプ》や啓蒙思想家の兪吉濬《ユギルチュン》が主な指導者であり、これは日清戦争を背景にして起こったものだった。その概要は次のようなものである。

一八九四年に朝鮮南部で「甲午農民戦争」と呼ばれた農民反乱が起こると、清と日本が軍隊を派兵したので、両国の戦争が勃発する危機が迫った。この緊迫した状況のなかで、一八九四年七月に穏健派は、日本の軍事支援を得て、王宮を占領して、現国王の父の大院君を新国王に擁立し、金弘集を首班とする政府を創った。新政府は成立すると、宮中事務と国政事務の分離、租税の金納化、通貨改革、特権的身分の両班と常民の差別禁止、賤民差別の廃止、科挙制度の廃止、などの近代化改革を行った。これは一〇年前の「甲申政変」の近代化改革を継承したものだが、注目されるのは、これまで朝鮮国家を支えてきた科挙と両班の特権を廃止したことだった。政府成立直後の一八九四年八月に日清戦争が起こったが、翌年に日本の勝利で終えたので、改革は成功したかにみえた。しかし、下関講和条約で日本が獲得した遼東半島を、ロシアなどの要求により返還して日本の影響力が後退すると、一八九五年夏に清を後ろ盾にした守旧派勢力が権力を奪い返して、改革は挫折を余儀なくされたのである。

ここでも開化派の近代化改革は失敗したが、穏健派の運動を支えたのが啓蒙思想であり、その理論

兪吉濬（1856—1914）

的指導者が兪吉濬（一八五六～一九一四年）だった。

兪吉濬は一八八一年に政府の開化政策の一環として日本を視察すると、そのまま慶応義塾に留学し、八三年にアメリカに留学した経歴を持ち、日本とアメリカで啓蒙思想を習得したものである。金弘集政府が誕生すると、近代化改革を推進する重要閣僚に就いたが、崩壊すると日本に亡命し、その後、朝鮮に戻った。

兪吉濬の啓蒙思想家としての言説には、次のようなものがある。兪吉濬は福沢が書いた『西洋事情』をベースに、一八九五年に朝鮮の人びとに向けて啓蒙思想書の『西遊見聞』を刊行した。内容は報国の権利、人民の権利、人世の競励、政府の始初、政府の種類、開化の等級などからなり、これは西欧諸国の制度や思想を紹介した体系的な啓蒙思想書で、いわば、福沢の『西洋事情』の「朝鮮版」でもあったのである。兪吉濬は日本と西欧諸国の近代化を次のように称賛した。

日本は欧洲の和蘭《オランダ》国と通交してから二百年余り過ぎても、夷狄として擯斥《ひんせき》［排斥］して辺門［出島］での開市を許すのみであったが、その後、欧米諸国との条約を締結してから、交誼が厚くなるにしたがって、時機が改まったことを察し、彼の優れた技術を取り入れ、規則・制度を踏襲したので、三十年間にこのように富強を成し遂げた。だとすれば、紅毛碧眼［欧米人］の才芸には、人よりも優れたものが必ずあるのであり、余がかつて思っていたように、純然たる蛮種には止まらないのである。(『朝鮮開化派選集』一六三頁)

兪吉濬は日本の近代化を通じて、近代西欧文明が優れたものであることを知ったのである。また、社会契約説に依拠して政治体制にも言及し、立憲君主制の優れていることを説いた。

近代西欧文明と啓蒙思想から強い影響を受けた、甲午改革の理論的指導者の兪吉濬は、次の愛国啓蒙運動にも関わっていく。

愛国啓蒙運動

最後の近代化改革が、日本が日露戦争に勝利して朝鮮の植民地化が迫ったなかで行われた、一九〇六年の「愛国啓蒙運動」である。ただ、これには前史があり、「独立協会」の運動がそうである。独立協会は、甲午改革が失敗に終わった翌年の一八九六年に、開化派官僚を中心に結成された政治結社で、『独立新聞』を創刊して啓蒙思想活動を行ったものである。国民に自主独立意識を広める一環として、ソウルに独立門や独立館を建設することにし、そのための募金活動も行った。独立協会の活動が啓蒙思想に基づいたものであることを示す一つが、「邪神偶像は少しも人に有益なものがなく、かえって人を害するものでしかない」ので、「国民の家庭だけでなく、国中の鬼神画像と政府各省の管理下にある堂でも禁じるのが、文明の進歩になる」と、主張したことだった。これは陳独秀の偶像批判とまったく同じである。『独立新聞』は、活動の目的である独立の意義について次のように説いた。

朝鮮人民は独立ということを知らないので、外国人が朝鮮人を蔑んでも憤ることを知らず、朝鮮／大君主陛下におかれて清国の君に毎年使臣を送り、暦をもらって来て、公文に清国の年号を使い、朝鮮人民は清国に属する者と思いながらも、数百年間仇を討つ考えをせず属国のようにしていたので、その弱い心を考えれば、どうして可哀相な人生ではないだろうか。……そこで神様が朝鮮を可哀相に思われ、日本と清国が戦争した後に、朝鮮が独立国になり、今は朝鮮／大君主陛下におかれて、世界各国の帝王と同等になられ、それ故に朝鮮人民も世界各国の人民と同等になった。（月脚達彦『朝鮮開化思想とナショナリズム』一七八〜一七九頁）

これは、朝鮮が冊封体制の下で清の「属国」だったことを批判して、独立の尊さを訴えたものである。しかし、忠誠心の対象として、自立した国民からなる国家ではなく、伝統的支配者の国王を説いたので、ここでも伝統思想が影を落としていたのである。独立協会の運動が先鋭化して政府批判を強めると、一八九九年初めに解散させられたが、独立協会の活動目的と一部の指導者が、愛国啓蒙運動に引き継がれたのである。

愛国啓蒙運動は、近代化改革によって朝鮮の自立を護ることを目的にしたもので、担い手は教員やジャーナリストなどの都市知識人、学生や民族資本家などからなり、一九〇六年にその組織として大韓自強会が創設されて、啓蒙思想家の尹致昊が会長に就任した。月脚達彦は、「愛国啓蒙運動は一九〇五年の保護国化以降、日本に奪われた国権を回復するために、教育振興や殖産興業などを通じた韓国の実力養成を図るべく展開された運動」、とみている。これが語るように、大韓自強会の目的は、植民地化を進める日本の動きに対して、西欧に倣った言論や出版の自由、教育、民族産業の育成などを行い、富強を進めて国権を護ること、すなわち、民族意識の高揚と韓国の自立をはかることにあったのである。また、これまでの運動が、知識人による日本の手を借りた上からの近代化改革だったのに対し、愛国啓蒙運動は、広く国民を巻き込んだ、日本の植民地化に対する反対運動だったことに違いと特徴があり、「反日」色が濃いものだったのである。大韓自強会は発足にさいして、啓蒙思想に依拠しながら、その目的を次のように述べた。

　国の独立はただ自強の如何《いかん》にかかっている。我が韓はこれまで自強の術《すべ》を講ぜず、人民は愚昧《ぐまい》で、国力は衰え、遂に今日のように外国人の保護国となるような状況に至ったのは、自強の道に意を致さなかったためである。……教育が興らなければ民智が開かれず、産業が興らなければ国富を増やすことができない。すなわち、民智養国の道はただ教育産業の発達にあると言わねばならない……。内に祖国の精神を養い、外に文明の学術を呼吸することがすなわち今日時局の急務であり、これが自強会を発起する所以である。（『世界史史料　第九巻』三一一、三一二頁）

この立場から、指導者の一人で儒学者の朴殷植《パクウンシク》は、欧米諸国の植民地支配について、「文明を最も重んじると言われているイギリスは、インドとエジプトでどのような政策を採り、徳義を貴ぶと言われているアメリカは、フィリピンでどのような手段を採ったのか」、と問いかけて、「世界の強国は、口では菩薩のように語るが、その行動は鬼神である」、と糾弾した。この朴殷植の批判は、欧米諸国の植民地統治批判に仮託して、日本に向けられたものであったことは想像に難くない。

大韓自強会の指導の下で全国的規模の啓蒙運動が行われたが、同会が、日本が進めた韓国皇帝の強制退位に反対したために翌年に解散を命じられると、別の会を組織して運動を続けたが様々な弾圧を受けた。一九一〇年に日本が韓国を併合すると、会の解散が命じられて運動は終息を余儀なくされた。その後、一九二五年に成立した日本の治安維持法が朝鮮でも施行されて、国内での独立運動が困難になると、アメリカや中国など海外に逃れた人びとの手で行われたのである。

尹致昊の啓蒙思想言説

愛国啓蒙運動は、名称が語るように、啓蒙思想活動の一つであり、それがどのようなものだったのか、指導者の尹致昊《ユンチホ》(一八六五～一九四五年)の言説をみることにする。尹致昊は儒学教育で育ち科挙の試験を目指したが、父の勧めで日本に留学すると啓蒙思想を知り、その後、アメリカの大学で神学を学んでキリスト教徒になった。最初の近代化改革の甲申政変に参加し、失敗すると上海やアメリカに渡ったが、帰国して政府の役職に就いて、ロシア皇帝戴冠式に参列し、フランスに留学するなど、世界各地を見聞して知見を広めた。

尹致昊の啓蒙思想言説の一つに、「野蛮人は自然の奴隷である。半開化人は自然に対する臆病な乞食である。文明人は自然の主人である」、というのがあるが、これは福沢の文明世界観とまったく同じである。また、開化派急進派の朴泳孝は儒教思想に依拠したが、尹致昊は、「朝鮮を地獄にしたのは儒教である」、として儒教を全面的に斥けた。これらの言説から、彼が福沢や陳独秀と同様に、近代西欧文明を全面的に受け入れた啓蒙思想家であることが分かるが、啓蒙思想のキーワードの民主的政府と教育をもとに、朝鮮の現状を次のように批判したことは、これをよく示すものである。

私は明確な信念を持っていることを喜びます。物事に対する信念の曖昧さが東洋を呪ってきたことを誰も知りません。私は、数千万の一般人民がほこりと不潔［な環境］のなかでひれ伏している一方で、宮殿で一人の王子や貴族が暮らすようにすることを、良き政府とは言いません。数千万の一般人民に初歩的な教育さえ与えられていない一方で、教育と知識の習熟を、恵まれた一人や二人の人間に与えることを、良き教育の制度［とは言いません］。（柳忠熙『朝鮮の近代と尹致昊』二三三頁）

尹致昊（1865—1945）

この言説によって、特権を否定して、「平等な社会」を創ることを説いたが、これは、ガンディーに通底するものである。啓蒙思想家としての尹致昊を象徴し、また、その特徴とも言えるのが、キリスト教で朝鮮を作り変えようとしたことだった。

朝鮮人の未来はどのようになるだろうか。私は適者生存主義を信じている。彼ら［朝鮮人］に、今まで持ったことのな

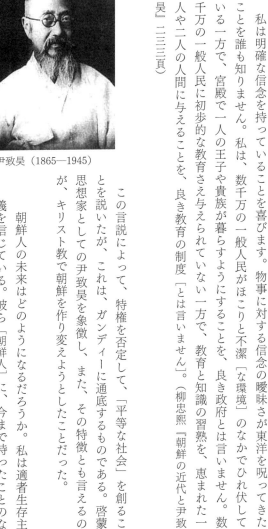

い、公平な機会を与えて、そしてもし彼らがそのままでは生存に適合しないことが証明されてしまったら、私の任務は彼らを生存に適するようにするために貢献することであり、結果は神の手に委ねられている。キリスト教は朝鮮人を救済する唯一の手段である。(『同』三〇九頁)

朝鮮人の将来を危惧する尹致昊は紛れもなく真摯な民族主義者と言えるが、しかしアジアの伝統的宗教ではなく、キリスト教によって朝鮮人の救済を目指したユニークな啓蒙思想家なのである。

日本の強い影響

朝鮮の近代化改革は、最後の愛国啓蒙運動を別にすると、その構図は、守旧派が中国(清)を後ろ盾にしたのに対し、近代化派(開化派)が日本を後ろ盾にしたものであり、見方によっては、朝鮮の近代化改革は中国と日本の勢力争いでもあったとみることも可能である。近代化改革は、さしたる成果をみることなく「挫折」したが、要因として様々なことが考えられるなかで、ここでは、日本の支援の「代償」として、強い政治的、軍事的圧力を受けたこと、それゆえに自律性を発揮することが難しかったことを挙げてみたい。多くの近代化改革者が日本の影響をうけたなかで、筆者には、これを象徴する人物が、愛国啓蒙運動を指導した尹致昊であるように思われる。

尹致昊は独立協会の会長と『独立新聞』の主筆を務め、その後、反日色の強い愛国啓蒙運動の大韓自強会会長に就任したが、日本が併合した後の一九一二年に、朝鮮総督の暗殺計画に首謀者として関与した嫌疑で逮捕・投獄された。これは、一〇五人が逮捕された事件で、実際には、朝鮮の知識人を統制するためのでっち上げだったが、注目されるのは、約二年監獄で過ごした後、恩赦で放免されると、次のように述べたことである。

今回の獄事が起こる前には日本人を心から嫌い、もし訪ねてくる人がいても断って面会せず会うことなく、日本と日本人を理解していなかっただけでなく、さまざまな誤解があったのを、獄中で初めて気づいた。……以後からは日本の様々な有志・紳士と交際し、日鮮民族の幸福［と］なること、日鮮両民族の同化についての計画にはどこまで［も］参与し、力が及ぶところ次第に、体を惜しまず、力を尽くしてみるつもりだ。（『朝鮮の近代と尹致昊』三三五頁）

筆者には、尹致昊にどのような心境、あるいは思想の変化が起こったのか分からないが、反日運動の指導者だった彼は、獄中で対日協力者に「転向」して、出獄後に国民精神総動員朝鮮連盟の役員になるなど、積極的に日本の植民地統治に協力したのである。とはいえ、教育者やキリスト教会指導者として朝鮮の近代化に向けた自立的な活動も行った。また、この時期に転向したのは尹致昊だけではなかった。一例を挙げると、中国や日本などで反日の無政府主義活動を行っていたが、日本政府に逮捕されると、朝鮮人としての民族意識を捨てて、日本人になることを唱えた活動家もいたのである。

ともあれ、尹致昊の日本に対する姿勢が変化したなかで、日本の植民地支配が終わると、対日協力姿勢を非難されて、一九四五年に自殺して生涯を終えたのである。これが語ることは、啓蒙思想家や民族主義者としての尹致昊の活動は、そのすべてが「自由」に基づいて、自立的、自律的に行われたと言えるものではなく、日本に翻弄された側面があったことを否定できないということである。

2　ベトナムの儒学知識人――ファン・ボイ・チャウ、ホー・チ・ミン

国土が南北に細長いベトナムは、地理的、社会的に北部トンキン、中部アンナン、南部コーチシナの三つの地域からなり、諸々の王朝国家は、主に中国に隣接するトンキンを拠点に創られたものだった。ベトナムも朝鮮と同様に、政治文化的に「儒教文化圏」に属し、多くの王朝国家が中国と冊封体制に入り、儒学の知識と素養を持った者を官僚に登用する科挙の制度を採用した。科挙は一一世紀にはじまり、儒教と科挙の「両輪体制」が成立したのは、一五世紀はじめのことだった。

ベトナムの植民地化

一九世紀中頃にフランスの植民地化がはじまったとき、ベトナムを支配していたのは中部のフエに首都を置くグエン国（一八〇二～一九四五年）だった。フランスは、一八五八年にグエン国との戦争に勝利するとコーチシナを直轄植民地にし、その後、コーチシナの後背地のカンボジアを保護国に、八四年にはグエン国も保護国にした。そのさい、グエン国が冊封体制の下でベトナムを属国にしていた清に支援を求めると、清仏戦争が勃発したが、軍事力に勝るフランスが勝利した。そして一八八七年に、コーチシナ、カンボジア、トンキン、アンナンの四つの地域を併せてフランス領インドシナと

し、さらには、その後、保護国にしたラオスを九九年に加えて、インドシナ植民地が完成したのである。ただ、三ヵ国のうちでは、人口が多く資源も豊かなベトナムが最も重要であり、とりわけ、南部のコーチシナがそうで、極論すると、フランス領インドシナとはベトナムのことだった。

近代西欧文明の流入

フランスはベトナムを植民地にすると、一九一九年に科挙を廃止して、統治制度の「フランス化」を進めた。「独立国」の清と朝鮮は自ら廃止したが、ベトナムは植民地宗主国の手で行われたものだったのである。統治制度は、統治責任者のインドシナ総督を、フランス本国の内閣が選任して大統領が任命し、総督が植民地政府の二四の部局を指揮する、というものである。この体制の下で、総督は植民地の行政、立法、司法、軍事権を掌握する全能者とされて、その下に理事長官とコーチシナ知事が置かれた。とはいえ、実際の行政は、経済的に最も重要なことから直轄植民地として特別扱いを受けたコーチシナを除いて（直接統治）、王朝国家の伝統的支配者が利用されて、フランス人官僚の下でベトナム人官僚が実務を担った（間接統治）。例えば、アンナンの場合、グエン国の官僚が省知事や県知事に就任して、これをフランス人の理事長官が監督したが、これはインドネシアと同じである。フランスも現地人官僚を養成する目的で、一九〇六年にハノイにインドシナ大学を創設した。翌年に閉鎖されたが、一九一七年に再開されて、三七〜三八年の学生数は、ベトナム人が五四七人に対して、カンボジア人が四人、ラオス人は二人だけだった。これもまた、三ヵ国のなかでベトナムがいかに重要だったかを語っている。

文化でも「フランス化」が進められた。その一つは、フランス語を行政用語にしたことであり、また、これまでベトナム語は漢字で表記されていたが、フランス語に馴染ませるために、ベトナム語のローマ字表記を導入して行政の補助言語にしたことも、その一つだった。ローマ字化されたベトナム語はクオックグーと呼ばれ、これが現在のベトナムの国語である。この政策の下で、ベトナム人の初等教育にクオックグーを導入し、知識人にはクオックグーとフランス語の雑誌を刊行させた。一九三〇年代になると、インドシナ全体で一〇〇種ほどの新聞、二〇〇種ほどの雑誌が刊行され、各レベルの学校を併せたインドシナ植民地の生徒数は四〇万人を上回った。

これら一連の政策の目的は、近代西欧文明（フランス文化）を導入して、ベトナムの知識人を中国文化（儒教）から切り離し、親仏知識人として育成することにあり、これはイギリスとまったく同じである。「フランス化」政策を、とりわけ強く推進したのが、一九一一～一四年、一七～一九年にインドシナ総督を務めたアルベール・サローで、フランスとベトナムが双方の利益と幸福のために協調する「協同主義政策」を打ち出した。これは、オランダがインドネシアで行った「倫理政策」と似ていなくもない。

このように、儒教思想が支配していたベトナムに、フランスが植民地化にともない、近代西欧文明を持ち込むと、ベトナムの一部知識人の間で、中国志向からフランス志向への転換が起こったのである。ベトナムの民族運動や独立運動は、儒教に依拠する儒学知識人、フランスを志向する啓蒙思想家、それに共産主義者が、それぞれ独自に行ったものであり、以下では、それを簡単にみることにする。

日本に学ぶ「東遊運動」

儒教に依拠して、独立を目指した民族主義者の代表が儒学知識人のファン・ボイ・チャウ（一八六七〜一九四〇年）である。ベトナム北部で生まれ、儒学教育を受けたファンは、科挙試験に合格し、グエン国の王族のクオン・デーを擁立して独立運動を進めることを考え、そのために創られた維新会（後に光復会に改称した）の代表になった。ファンは、ベトナムと同じ「儒教文化圏」（「同文同種」）に属し、近代化に成功して日露戦争に勝利した日本の武器援助を得ることを考えたが、その理由を次のように述べた。

日露戦役は実に私達の頭脳に、一新世界を開かしめたものということが出来ます。わが国民はフランス侵略以前には、ただ中華（支那）あるを知って居ったのみでありましたが、フランス禍

ファン・ボイ・チャウ
1867年　ゲアン省で生まれる
1900年　科挙に首席合格
1901年　反仏蜂起未遂
1904年　維新会結成
1905年　日本を訪問
1906年　東遊運動開始
1909年　日本を去り中国へ
1910年　タイに住む
1912年　広東で光復会結成
1918年　再来日
1925年　上海でフランス官憲により逮捕、フエで軟禁
1940年　フエで死去。72歳

以後はまたただフランス一国あるを知るのみで、世界の変遷、風潮の推移如何のごときは、わが国民の夢想だもなさなかったところで、……日露戦役以後、甲辰年間（明治三七年、一九〇四）、欧亜の競争、黄白人種の争闘はようやく私達の睡魔を驚かし、わが党志士がフランスに復仇し、ヴェトナム国の光復を想うの熱誠気焰は一段と盛んになりましたが、依然たる苦悩の種は軍器問題であって、これが最大障碍であるがゆえに、急速にその解決策を執らねばならなくなりました。……今日の計としては日本新たに強く、彼もまたアジアの黄色人種である。……われらがここに赴いてこれに同情を求むれば、軍器を借り、もしくはこれを購うこと必ずしも困難ではあるまいと。（潘 佩珠《ファンボイチャウ》／長岡新次郎・川本邦衛編『ヴェトナム亡国史 他』一一六、一一七頁）

ファンは一九〇五年にベトナムを密出国して来日し、日本に亡命中の梁啓超の紹介をもとに、犬養毅などの民権派政治家の支援を得た。だが、滞在中に革命を担う人材育成の重要性を認識するに至り、民族意識を持つことが先決であると悟って、ベトナム人の若者に日本で西欧の学問と技術を学ばせる方針に転換したのである。この結果、一九〇六〜〇八年の間に、二〇〇人ほどが留学して陸軍系学校などで軍事学などを学んだが、彼らは清国留学生だと偽って入国し、クオン・デーも来日した。これが「東遊運動」（ドンズー運動）である。しかし運動は中途で挫折を余儀なくされた。留学生が帰国後に、ベトナム独立運動の中核になることを恐れたフランスが、一九〇七年に締結した日仏協約をたてに彼らの追放を要請すると、日本はベトナム支援よりもフランスとの協調を優先して実行したので、〇九年にファンと留学生は日本を去ったからである。その後、ファンは、中国やタイや香港で独立運動を模索した。

啓蒙思想運動の「東京義塾」

東遊運動は失敗したが、ほぼ同じ頃に、ベトナムの地で啓蒙思想と近代化が一体になった自立運動が起こった。日本の近代化の影響を受けて、一九〇七年にハノイにベトナム人を啓蒙する目的で開設された私塾の東京義塾がそうである。運動に関わったのは、フランス植民地政府で働くベトナム人、フランスの影響を受けた民族主義者、東遊運動関係者など、様々な思想的、社会的背景を持った人びとで、フランス志向のファン・チュー・チン（一八七二〜一九二六年）がその指導者だった。ファンはベトナム中部で生まれ、科挙試験に合格したが、グエン国支配者の封建的体質に失望して、ベトナムの改革を目指した啓蒙思想家である。ファンは、民衆の啓蒙と教育による近代化を通じた社会改革

ファン・チュー・チン

1872年　クアンナム省に生まれる
1906年　日本でファン・ボイ・チャウに会う
1907年　ハノイに東京義塾設立
1908年　東京義塾が閉鎖され流刑
1911年　フランスに渡る（〜25年）。ホー・チ・ミンと交流
1926年　サイゴンで死去。53歳

と独立を考えたが、東遊運動にも関心を持ち、日本を訪問してファン・ボイ・チャウに会った。しかし、彼が武力闘争を考えていることを知ると決別してベトナムに戻り、インドシナ総督に書簡を送り、フランスの協力を得てベトナムを改革すること、すなわち文明化を提案したのである。東京義塾はこの一環として創設したものだったのである。クオックグー、中国語、フランス語が使われた義塾の教材に、次のような一文があった。

文明という美しい言葉は、粉飾を施せば［それに］到達できるというものではない。文明の諸学問の［もたらす］幸福は、一朝一夕にして得られるものではない。それに至りそれを獲得するためには、ひとつの大きな主義によらねばならない。ここで言う主義とは何か？　それはすなわち民智を開くという主義である。……西洋の学者の言葉に、「文明は価値によってのみ購うことはできず、さらに苦難によっても購われねばならない」とある。価値とは何か？　それはすなわち思想である。苦難とは何か？　それはすなわち競争である。思想が豊かであればあるほど競争も激しくなり、競争が激しければ激しいほど思想も豊かとなる。……文明と民智とは、互いに原因であり結果である。（『世界史史料　第九巻』三三四頁）

「東京義塾」の東京（トンキン）はハノイのこと、義塾は福沢が開校した慶応義塾のことである。儒教思想を否定して、旧習の排斥、近代西欧文明や知識や生活スタイルの普及、愛国心の涵養を目指した東京義塾は、啓蒙思想に依拠したベトナムの民族運動の拠点の一つになり、維新運動とも呼ばれた。フランス植民地政府は東京義塾の啓蒙思想活動を評価したが、しかし、ファン・チュー・チンが義塾の開設後に、反仏農民運動に加担したことを理由に投獄され、恩赦後、一九一一年にフランスに行き、二五年にベトナムに戻ったものの、もはや影響力を失って運動は実を結ばなかった。東京義塾は開校から一年ほどで閉校を命じられている。

儒学知識人ファンの「遺憾」

ファン・ボイ・チャウがグエン国の王族を担いで、日本の支援を得て独立運動を進めようとしたことをみた。ファンは日本を去った後、中国で辛亥革命を主導した革命勢力の支援を得ての武力革命を計画したが、一九二五年に上海でフランス植民地政府に逮捕されて終身刑の判決を受け、その後、罪が減刑されてベトナム中部の古都フエで軟禁生活を送り、四〇年に亡くなった。次の一文は、ファンが投獄中に書いた「獄中記」で、自分が啓蒙思想ではなく儒教思想を基に独立運動を行ったことを悔やんだものである。

十八世紀の初め以来、ヨーロッパの学術技芸はとみに勃興して、全世界を風靡しました。もし私もその潮流中に加わって居たならば、あるいは今日の私のように蒙昧無識の徒に終ることもなくてすんだでしょうに、残念ながら私はわが国に生まれたのであります。わが国は世々支那に付属し、その地理といい歴史といい、これと源を同じくすることすでに数千年の兄弟の国でありま す。このゆえに、わが国にて尊重し神聖視するのは漢学であって、漢学の重んずるのは科挙の文詞であります。私は幼少から壮年時代にわたって頭が良いといわれ、蛍雪の勤学も怠りませんでしたが、しかも得た所はわずかに科挙の学問にすぎません。つまり当時清朝にあっては、科挙の学問が最も盛んで、わが国人は、事ごとにこれに倣《なら》っていやしくも似ないことを恐れるという有様でしたから、私達の出世の途はどうしてもこれによらねばならず、またこの時勢に従うまいとしても外に学問の途はなかったのです。ああ、このような時勢にとらわれた私が、ただ科挙の文詞に空しくほとんど半生涯の歳月をついやしたことは、実に私一生の損失であり、経歴中の最も大きな遺憾であります。……私は元来、野蛮の郷に成長し、科挙文詞の間に学んだにすぎず、ヨーロッパ文明新進の学問は皆無であります……。(『ヴェトナム亡国史 他』一〇二頁、一〇五頁)

ベトナムは日本や朝鮮などと共に「儒教文化圏」に属した国だが、福沢、陳独秀、胡適が独立を護るために啓蒙思想を受け入れて、儒教思想を徹底的に批判したことをみた。ベトナムの独立運動でも、ファンが属した「儒学派」と、フランスとの協調を考えた「啓蒙派」が登場したなかで、ファンは、「啓蒙派」となる機会がありながらも、そうしなかった自分を嘆き悔やんだのである。

共産主義者ホー・チ・ミンの欧米社会遍歴

中国やインドネシアと同様に、ベトナムの独立運動でも共産主義者が登場した。その代表がホー・チ・ミン(一八九〇～一九六九年、一八九二年、九三年生まれの説もある。ホーという名前は一九四二年に中国で使った変名で、その後、定着したもの)である。ホーは、科挙試験の挙人に合格した儒学教師を父にベトナム北部で生まれ、当初は儒学を学んだ。東遊運動への参加の誘いはホーにも届いたが、しかし父は息子がフランスの創った学校で学ぶことを選んだのである。ホーは一九一一年に、官僚になる勉強をするためにフランスに渡ったが、書類の不備でパリの植民地官吏養成学校に入学できなかった。ここから、約三〇年におよぶ欧米社会などの遍歴の旅がはじまり、貧しかったので、レストランの皿洗い、ボイラーマンなど様々な仕事をしながら、フランス滞在中に共産主義を受け入れたのである。その経緯は次のようなものだった。

第一次世界大戦後の一九一九年に開催されたパリ講和会議で、ホーは、ファン・チュー・チンなどとともに、ベトナムの独立を求める「アンナン人民の要求」を提出した。そこで、「現在フランス人民はアンナン人民の命運を握っている」、がしかし、「アンナン人民はフランス人民の「保護」に言及するとき、恥辱どころか名誉であると考えている」、なぜなら、「アンナン人民はフランス人民が自由と公理を代表し、全世界の博愛という自らの高貴な理想を決して放棄しないことを知っているからだ」、と述べてフランス国民にベトナムの独立を訴えたのである。

ホー・チ・ミン（1890—1969）

アンナンというのは、当時はベトナムではなくその呼称で知られていたからで、共産主義用語の人民が使われたとはいえ、内容は啓蒙思想が色濃く滲み出たものだった。しかし、要求が拒否されたこと、それに、社会主義者などとの交流を通じて共産主義を受け入れたのである。ホーは一九二一年にフランス共産党の結成に参加し、その後、コミンテルンの活動家として中国に渡り、広州でベトナム青年革命同志会を結成し、同会を基礎にベトナム共産党を結成して、日本の敗戦とともに独立宣言をしたのである。一九一一年にフランスに渡航し、再度ベトナムの地を踏んだのは四一年だったので、三〇年が経過していた。

ホーは毛沢東と並ぶアジアを代表する共産主義思想家でも、民族主義者でもあるが、注目されるのは、一九四七年に世界の宗教家や思想家について次のように述べたことである。

孔子の学説は、個人の道徳の修養を重んずるという優れた点がある。イエス・キリストの宗教には、高い博愛心という優れた点がある。マルクス主義には弁証法という優れた点がある。孫逸仙（孫文――訳注）の主義にはわが国の条件にも合う三民主義政策という優れた点がある。……これらの方々は、みな、人類の幸福をはかり、社会全体の幸福を考えてきた。もしこれらの方々がまだこの世に生きていて、一箇所に集まったならば、きっと親友のようにきわめて仲良く暮らしたに違いないと、私は信じている。私も、これらの方々の小さな弟子となるように努力したい。（古田元夫『ホー・チ・ミン』一〇〜一一頁）

思想やイデオロギー、それに生まれた時代がまったく違う、孔子、キリスト、マルクス、孫文は、ともに人類の幸福を追求した思想家・政治家だというホーは、決して教条的な共産主義者ではなく、誤解を恐れずに言えば、宗教や民族文化に極めて寛容で、思想的包容力を持った「自由主義者」の顔も持っていたように思われる。アジアの多くの共産主義者の思想は、共産主義と民族主義が結合したものであるなかで、ホーの思想はこれに自由主義が加わったものであり、これがホーのユニークな特徴でもあったのである。筆者は、これはホーが、欧米社会を体験して観察するなかから得たものではないか、と考えている。

3　王朝国家タイの立憲革命——チュラロンコン、ピブーン

タイは一三世紀に登場したスコータイ王朝国家ではじまり、その後、王朝国家の交替があったものの、アジアの多くの国が独立後に共和国になったなかで、現在も王制を維持する立憲君主制国である。宗教は、南部にムスリム住民がいるが、インドから伝来した仏教が支配的で、仏教とその庇護者の国王がタイのキーワードである。東南アジアが西欧諸国の植民地になったなかで、タイは唯一植民地化を免れたが、しかし、一九世紀中頃に、それまで王室が独占していた外国貿易に、西欧諸国の圧力を受けてその参入を認めざるを得なかったことが示すように、常に植民地化の危機と西欧諸国の圧力に晒されていたのである。

国王チュラロンコンの近代化改革

一九世紀後半に、タイの西のミャンマーがイギリス植民地、東のカンボジアとベトナムがフランス

チュラロンコン（1853—1910、ラーマ5世として在位：1868—1910）

植民地になると、イギリスとフランスに滞在するタイの王族や貴族からなる外交官や留学生一一人が、一八八五年に国王に対して意見書を提出した。「シャムの植民地化の危機は間近に迫っている。五年以内だという記事を載せた西洋の新聞さえある。シャムの独立を守るためには今のままではいけない」、と述べたうえで、タイが採るべき政策について、「日本は領事裁判権廃止を求めて条約改正に奔走したが、間違いに気づいて、国家の制度を変えて、西欧に近い法制度の整備に努めた。そのため今では、日本は西欧諸国と同じ権利を与えられるべきだと主張している」ことから、「シャムも同様の権利を得るには、日本のように国制を整え、人民を開化し、西欧人の信用を得なければならない。文明化こそがシャムを防衛できる道である」、と提言した。シャムというのはタイの旧国名で、西欧諸国を直接に見聞したタイの知識人の間で、植民地化を免れるために、文明を掲げて、日本に倣った近代化改革を求める声が上がったのである。

タイを取り巻く厳しい国際状況のなかで、明治維新と同じ一八六八年に一五歳で国王に就任したチュラロンコン（ラーマ五世、在位一八六八〜一九一〇年）は、この提言を受けたかのごとく、近代化改革を断行した。父のモンクット国王は、近代西欧文明に関心を持ち、子供たちに西欧型教育を与えるために、イギリス人女性を家庭教師に雇ったが、チュラロンコンは就任後、インドネシア、シンガポール、インドなどを旅行し植民地の実情を視察して知見を深めると、軍事、財政、司法、教育、仏教組織などの制度改革を相次いで行った。これまでの分権的な六省体制から、中央集権的な一二省庁体制に変えたこと、地方行政も、これまではタイ各地の地域支配者が実権を握っていたが、中央政府から派遣された官僚が統治するものに変えたこと、などがそうである。官僚を養成する王立学校も創られて、これがタイで最初の近代的学校になった。また、近代化を進める人材確保のために、イギリス、ドイツ、北欧諸国、さらには日本からも「お雇い外国人」を雇用した。近代化のために外国人を雇用したのは、明治政府と同じである。西欧に倣った官僚制や軍の整備を進めたチュラロンコンの近代化改革は、王朝名に因んで「チャクリー改革」と呼ばれた。

立憲革命——民主主義を掲げた軍人の権力掌握

タイは「お雇い外国人」を利用して近代化を進めながらも、他方では、タイ人の官僚や専門家を育成するために、官費留学生を一〇〇人程欧米諸国に派遣した。興味深いのは、政府の意図に反して、欧米諸国の民主主義を知った一部の留学生の間で、旧態依然たる王政に対する不満と改革意識が募り、一九二七年にパリで七人の留学生が近代化改革のために秘密結社の「人民党」を結成したことだった。その指導者が、陸軍留学生のピブーン、それに法務省留学生のプリディーで、同党は、改革の目標として、独立維持、安全保障の確保、経済活動の保障、国民の平等、自由権の付与、教育の拡大の六原則を定めた。これは、近代西欧文明、すなわち、啓蒙思想の影響を強く受けたものであり、チュラロンコンの近代化改革は、二〇世紀になると専制王政を批判して、それに挑戦する人びとを生みだしたのである。

人民党はクーデタで権力を奪取するために、タイに帰国すると仲間を募り、軍にも働きかけた。一九三二年六月に蜂起し、六原則を発表して、国王に立憲君主制の受け入れを迫り、次のような革命宣言を布告した。

すべての人民諸君！　現王が兄王より王位を継承した当初は、人民の一部には新王は人民を幸せにする統治をするのではないか、という期待が存在した。しかし期待は全くはずれ、王は従来通り絶対権を握ったままであり、身内である王族と無能な追従者に要職を与え彼らが私腹を肥やすことを放置した。王族には特権を与え、人民に対しては抑圧を重ねた。……その理由は他国に見るような人民のための統治ではないからである。王の政府は人民を奴隷か畜生と見なし人間とは思っていない。……

人民諸君！　我が国は人民のものである。王のものではない。……政府の凶悪非道さを知った人民、文武官僚は人民党《カナ・ラーサドン》を結成し王の政府から権力を奪取した。人民党は、議会を設け多様な意見を交換する方法によって問題を解決する方が、一人の考えによるよりもよいと考える。人民党は王位を簒奪するつもりはなく、現国王を憲法に拘束され人民代表議会の承認の下に行動する立憲君主として招きたい。（『世界史史料　第一〇巻』二八六、二八七頁）

宣言はフランス革命の人権宣言や議会制民主主義を彷彿させるものであり、当初、国王は要求を拒否したが、その後、受け入れたので、中華民国のように共和制ではなく立憲君主制になった。これが「立憲革命」である。権力掌握後に人民党内部で内紛が起こったが、これ以降、基本的に軍人が政治権力を握り、官僚が行政権限を持つ体制が出来上がった。これが、タイ特有の「官僚政体」と呼ばれるものである。

ただ、人民党が民主主義の理念を掲げたとはいえ、実態は、国王に代わって軍人が「独裁政治」を行うものだった。立憲革命を主導したピブーンは、一九三二〜五七年の間に通算で一五年、首相を務めるなど、軍の政治支配は、九一年の民主化運動で軍人と官僚の影響力が後退するまで続いたのである。この間、ピブーンは一九三九年に、民族主義によって軍の支配を正当化する目的で、国名をシャムから、民族名の「タイ」に変更し、五七年にクーデタで失脚すると日本に亡命した。また、軍は、民主化後も政党政治の混乱を理由に政治に関与して、現在は実質的に「軍政」下にある。アジア諸国のなかでタイは軍の政治関与が強い国のひとつだが、その起源は一九三二年の民主主義の理念を掲げた立憲革命にあり、国王から軍人への権力移行は、西欧の政治理念の名の下に行われたものだったのである。

4　シンガポール「イギリスか、中国か」――リム・ブーンケン、タン・カーキー

アジアの植民地化がほぼ完成して一次産品開発が本格化した一八五〇年代以降、中国とインドの多くの貧しい農民が世界各地に出稼ぎ労働者として出かけ、その数は両国ともに、それぞれ約四〇〇〇万人とみられている。海外在住中国人は華僑、インド人は在外インド人（正確に言えば、印僑）と呼ばれるが、華僑が中国に近い東南アジアに集中したのに対し、在外インド人は東南アジアやアフリカなどに多かったことに違いと特徴がある。ここでは東南アジアにおけるイギリス植民地の拠点となったシンガポールにおける中国人の、植民地宗主国イギリスと祖国中国に対する民族意識と政治意識がどのようなものだったのかをみる。

シンガポールの植民地化と移民の到来

マレーシア領土のシンガポールは、一八一九年にイギリス植民地になり、東南アジアの中継貿易拠点として発展すると、アジア各地から出稼ぎ者が集まって形成された「移民社会」で、土着マレー人、中国人、インド人が主な民族である。とはいえ、中国人が住民の約八〇パーセントを占めたので「華僑社会」でもあった。中国人にとりシンガポールは一時的に滞在する出稼ぎの地でしかなく、いずれは中国に戻るつもりだったが、しかし時が経つにつれて、中国に戻らないでシンガポールに留まる人、その子供で現地生まれの二世や三世が登場した。現地生まれの彼らは、シンガポールがイギリス植民地であることから、仕事を得るために自発的に英語教育学校で学び、イギリス関連機関などで

働き、その政治社会意識はイギリスを志向した。これに対して、大半の中国人が中国語を日常言語にして中国的世界で生活したので、二〇世紀になるとシンガポールの中国人社会は、少数派のイギリス志向集団と多数派の中国志向集団に分裂したのである。ある中国人が、「中国志向の私は、主として英語教育を受けた兄弟との議論に熱をあげた。兄弟たちは、「ぼくたちの国はイギリスだ」といった。すると私は「ぼくの国は中国だ」と言い返した」、と回想していることは、これを語るものである。

イギリスを志向する「クィーンズ・チャイニーズ」

イギリスを志向した西欧型教育を受けた人びとは、弁護士や医者、イギリス植民地政府の下級官僚やイギリス企業の社員などが多かった。彼らは民族的には中国人だが、その政治社会的関心はイギリスに向き、自分たちの結束を高めるために、一九〇〇年に創った団体が「海峡華英協会」だった。海峡というのは、第二次世界大戦前のシンガポールは、マレーシアの貿易港のマラッカ、ペナンとともに「海峡植民地」を形成していたからである。会員は八〇〇人を超えたが、海峡植民地に生まれた中国人に制限され、協会の目的は、大英帝国に対する関心を深めること、イギリス臣民としての忠誠心を持つこと、社会的、知的、道徳的福祉に関する問題を議論する場とされた。このような彼らは、「クィーンズ・チャイニーズ」と呼ばれたが、自らは、中国を志向する中国人（華僑）と区別するために、「華人」と呼んだのである。

この集団の代表者が、海峡華英協会会長に就任した、ペナン生まれの移民第三世代の医師リム・ブーンケン（一八六九〜一九五七年）である。リムは儒学教育で育ったが、その後、英語教育学校で学

リム・ブーンケン（1869—1957）

び、植民地政府の奨学金を得てイギリスのエディンバラ大学で医学を学んで、一八九三年に帰国した。彼は中国語を話せないため、留学時代に中国人留学生から差別的扱いを受けたことから、帰国後、中国語や中国古典の勉強に励んだという。第一次世界大戦がはじまると、リムが率いる協会は、イギリスを支援する義援金を集め、戦闘機五三機を購入して寄贈し、華人からなる「志願兵部隊」を組織した。リムは一八九九年に華人の立場と権利について次のように述べた。

われわれ海峡華人は自由人である！　憲法に則り英帝国を統治し、その旗の下に庇護されている多様なあらゆる民族を兄弟愛と調和の中に結びつける女王陛下の臣民であるという意味において、われわれは自由なのだ。議会が国王からもぎ取った権利と特権は、今や女王に忠誠を誓う者の生来の権利となっている。……われわれはイギリス臣民としてその権利を行使することを主張しなくてはならない。だがわれわれの主張がしかるべき権威に聞き入れられるには、英帝国の市民としてふさわしいことを自身の行動と活動によって証明しなくてはならない。（『世界史史料第九巻』三六〇～三六一頁）

このように、華人はイギリスに忠誠心を持っていたが、これは「反英」になる前のガンディーとほとんど同じである。とはいえリムは、専らイギリスを志向していたのではなく、中国にも眼を向けて、一九二一〜三七年の間、中国に滞在して厦門大学副学長を務めた。第二次世界大戦がはじまり、日本はシンガポールを占領すると、占領統治に中国人を協力させる目的で「華僑協会」を創り、中国人社会指導者のリムを会長に任命した。協会の主たる任務は、日本の統治費用を捻出するために五〇〇〇万海峡ドルの高額寄付金を集めることだった。

ともあれ、リムはイギリスに忠誠心を示して、自分たち華人の立場を護ろうとしたが、独立後にシンガポール首相になるリー・クアンユーは、リムなどを、「西欧の教育を受けてアジア人であることを止めてしまったアジア人」と非難した。これは、西洋かぶれのことでもある。リム本人は、自分たちは華人（アジア人）としての民族意識を常に持っていたと述懐しているが、イギリス臣民であることを主張したこと、シンガポールが仮の住まいでしかなかったことから、シンガポールが自分の国であるという「帰属意識」と「反植民地意識」が希薄だったことを否めない。

中国を志向する「愛国華僑」

多数派集団の華僑は、中国に生まれ、シンガポールに出稼ぎにやってきた単純労働者や実業家などからなり、華語教育学校で学び、中国語世界のなかで生活した。この集団の指導者が実業家のタン・カーキー（一八七四〜一九六一年）である。タンは福建省に生まれ、一八九一年（一七歳）に父が営む事業を手伝うためにシンガポールに渡った。父の事業は失敗したが、イギリス植民地になったマレーシアでゴム産業などの開発が進むと、ゴム業やパイナップル業に参入して成功を収め、その資金をも

タン・カーキー（1874―1961）

とに製造業や輸送業などにも事業を広げて巨大な富を築いた。注目されるのは、タンが稼いだお金を惜しみなく華僑社会の福利のために使ったことだった。シンガポールに華語教育学校を創り、中国でも一九二一年に故郷の福建省に厦門大学を開校したこと、シンガポールで華語新聞の「南洋商報」を創刊したこと、はその一例である。

華僑社会の指導者となったタンは、シンガポール中華総商会会長を務めたが、しかし、その眼は常に故郷の中国に向いていた。これを語る一つが、中国で辛亥革命が起こると革命勢力を精力的に支援したことである。華僑の大半を福建省や広東省など華南出身の漢人が占めたが、彼らにとり、満州人が創った清は「異民族支配の国」であり、漢人が主導した辛亥革命と中華民国の誕生を喜んだことが、その理由だった。もう一つは、日本の中国侵略がはじまると、日本商品ボイコット運動を組織して、中国政府のために多額の義援金を集めたことである。タンは第二次世界大戦後の一九四六年に書いた『南僑回憶録』で資金援助について次のように述べた。

わが国は旧暦の辛亥年八月一九日、すなわち西暦［一九一一年］一〇月一〇日に武昌で蜂起し、中華民国が光復した。……シンガポールに住む在外福建人は天福宮にある福建会館で会議を開き、保安会を組織し、私を会長に選び、福建省の救済と治安維持のための募金活動を行うこととした。……一か月余りの間に合計二〇万元送った。光復直後は公庫がすっかり尽き、民心が動揺しているると思ったため、二万元が受領された後、「南洋のシンガポールから二〇万元送金する。さらに一〇〇万元を引き続き送金する」とすぐさま宣言した。……孫文氏がヨーロッパから中国に帰国する途中シンガポールに立ち寄った際、帰国後個人的に資金が必要になった時に支援が可能かどうか私に尋ねたことがあった。わたしは五万元の支援を約束した。その後、孫文氏から、南京に行くのに資金が必要だとの電信を受け取ったため、わたしは約束の金額を送った。（『世界史史料　第九巻』三六二頁）

外国に住みながらも中国に眼が向いていた中国人は「愛国華僑」と呼ばれたが、タンはその典型だったのである。タンが日本に侵略された中国を支援する運動を組織したことから、日本はシンガポールを占領すると、その行方を必死に捜したが、インドネシアのジャワに逃れて戦争が終わるまで同地に留まった。タンは、国民党の腐敗を知ると同党を批判して、中国共産党の支持に転じ、一九四九年に共産党政府が誕生すると、翌五〇年に中国に戻って政府の要職につき、六一年（八七歳）に北京で亡くなった。タンに代表される華僑も「民族意識」を持っていたことは確かだが、それは「中国人意識」であり、彼らにもシンガポールが自分の国であるという「帰属意識」はなかったのである。

西欧型教育を受けた移民第四世代リー・クアンユーの国家形成

華人と華僑の間で、シンガポールが自分の国であるという帰属意識、それに反植民地意識が生まれたのは、イギリス以上に苛酷な支配の日本占領期（一九四二～四五年）のことだった。一部の華人の間では、それ以前にはじまっていたが、華僑の間でそれが決定的になった契機が、一九四九年に中国が社会主義国になると、イギリスがシンガポールと中国の往来を禁止したことだった。共産主義の流入を懸念したことが、その理由であり、ここから多くの華僑の間で否応なしに、現在の生活の地であるシンガポールへの帰属意識が生まれたのである。シンガポールの独立が政治日程に上ると、イギリス志向集団と共産主義の影響を受けた中国志向集団の間で、主導権を巡って激しい政争が繰り広げられた。紆余曲折があったものの、最終的に勝利したのが、海峡華英協会の流れを汲む一九五四年に結成された人民行動党であり、その指導者が、シンガポールに生まれた移民第四世代で、第二次世界大戦後にケンブリッジ大学に留学した弁護士政治家のリー・クアンユーだった。

リーの国家形成の特徴は、中国ではなくイギリスをモデルにしたものだったことにあるが、ただ、経済や教育こそ、イギリスがモデルとされたが、政治は民主主義とはかけ離れた権威主義的性格を強く持つものだった。これをよく示すのが、国民を愚民とみなして政治的自由を否定し、指導者が上から恩恵的に統治する統治観であり、これは孫文の統治観に類似するものだった。リーは、ネルーと同様にケンブリッジ大学で学び、イギリスの地で政治観を会得したが、啓蒙思想と民主主義を固く信奉したネルーと違い、その辞書には民主主義の語彙がなかったのである。リーのそれもまた、近代西欧文明に対するアジアの知識人の「反応」における一つの姿だったのである。

5 イスラーム国家トルコの近代化——ムスタファ・ケマル

眼を世界に向けると、西欧をモデルに近代化改革を断行して独立を護ろうとしたのは、中東のトルコも同様だった。イスラーム国のトルコは、一三世紀末にトルコ人を中心に成立したオスマン帝国（一二九九～一九二二年）の下で、最盛期には中東全域、北アフリカ、ヨーロッパのバルカン半島や東ヨーロッパの様々な民族を支配下に入れた大帝国であることを誇り、ヨーロッパ諸国にとり最大の軍事的脅威だった。しかし、西欧諸国が強大になると、一九世紀はじめにオスマン帝国も「西欧の衝撃」を受けて、帝国内の異民族住民の間で民族自決の動きが高まるなど、帝国が動揺したのである。

伝統的支配者スルタンの近代化改革

この事態に対して、一八三九年にアブデュルメジト一世はイスラーム思想を基礎に、タンジマート（再秩序化）と呼ばれた、西欧に倣った司法、行政、財政、軍事の改革、それに、ムスリムか非ムスリムかという宗教に関係なくすべての臣民の法の下での平等、財産の保護、などからなる近代化改革を断行した。実際に改革を担ったのは、近代西欧文明を志向する官僚だったが、守旧派の抵抗により十分な成果を上げることはなかった。

そして、一九〇八年にスルタン専制から立憲君主制に変わったが、この改革運動を主導したのが、皮肉にも、スルタンが進めた近代化改革のなかから誕生した「青年トルコ人」と呼ばれた、西欧の影響を受けた人びとであり、軍人のムスタファ・ケマル（ケマル・アタチュルク、一八八一～一九三八年）は、その一人だった。これは、「青年トルコ人革命」と呼ばれた。しかし、これはトルコ近代化の

「序章」でしかなく、ムスタファが主導する「本章」が待っていたのである。

ムスタファ・ケマル（1881—1938）

ムスタファの「西欧化」改革

ドイツ側に立って参戦した第一次世界大戦でオスマン帝国が敗戦国になると、帝国領土のシリアやイラクなどをイギリスに占領され、また、帝国内の異民族住民が独立の動きをみせるなど、支配地域がイスタンブール一帯とアナトリア半島のトルコ人が住む地域に限定されて、帝国解体の危機に直面した。このような状況のなかで、オスマン帝国軍司令官となったムスタファが、一九二〇年にトルコ人の主権と領土保全を掲げて、政府に対して反乱を起こすと、西欧諸国に支援された政府軍との内戦がはじまった。内戦は、トルコ人民衆の祖国解放意識に支えられたムスタファ側が勝利して、一九二二年にメフメト六世が亡命し、トルコに侵攻したギリシア軍も撃退して国土を護った。この一連の過程がトルコ革命（一九一九〜二三年）である。これによりイスラーム君主国から共和国になった。

注目されるのは、ムスタファが、トルコ共和国が成立して初代大統領（一九二三〜三八年）に就任した頃から、イスラーム社会トルコを、トルコ・ナショナリズムを基盤にして、西欧の思想と制度に基づいた改革を進めたことである。これが、文明化と近代化であり、この歴史的ともいえる改革の背景には、フランス語に堪能な西欧型知識人のムスタファが、イスラーム思想をいまや後進的なものと認識していたことがあった。これをよく語るのが、一九二五年にイスラーム教団の閉鎖を命じたさいに、次のように述べたことである。

死者から助けを期待することは、文明社会にとって恥辱である。［トルコに］存在するスーフィー教団の目的は、教団に従う者たちを現世的また精神的生活において幸福にすること以外に何があろうか。知識、科学および全面的に文明と向かい合う今日、スーフィー導師やその類の輩の導きによって、物質的、精神的幸福を追求するほど原始的な人間がトルコ文明社会に存在することを余は決して認めない。

トルコ国民諸君。諸君がよく知るように、トルコ共和国は、スーフィー導師やデルヴィーシュ［教団の成員］たちや弟子たちや教団関係者の地であってはならない。最も正しい、最も真実の道は、文明の道である。人間であるためには、文明が命じ、要求するものをなすことで充分である（『世界史史料　第一〇巻』一八四頁）。

ここでムスタファが言っている文明は、近代西欧文明のことであり、紛れもなく彼もまた啓蒙思想家の一人だったのである。東アジアの中国、朝鮮、日本、それにベトナムで、儒教社会の近代化を進める啓蒙思想家が儒教思想を否定したことをみたが、ムスタファのイスラーム思想の否定は、これと通底するものだったのである。

新生トルコの国家原理として、共和主義、民族主義、人民主義、国家資本主義、世俗主義、革命主義の六つが掲げられたが、これらは西欧諸国のキーワードでもある。この旗の下で、スルタン制（国王）を廃して共和国に、カリフ制（宗教指導者）とイスラーム法廷の廃止、政治を主権在民、それに議会制憲法とし、それまで憲法に定められていたトルコの宗教はイスラームとの規定の削除、イスラームのヒジュラ暦に代えて西暦の採用、一夫多妻制を禁じた新市民法の制定による女性の解放、アラビア文字に代わりローマ文字を採用する文字改革、などが行われた。

かくして、トルコはイスラーム国家から、政教分離を原理にする西欧型国家に変容し、これは、イスラーム思想が支配する中東諸国のなかで際立ったものというだけでなく、アジア諸国と比べても際立ったものだったのである。ただ、ここでは、これによりトルコが完全に西欧型国家に「変容」したかどうかは、問題ではなく、西欧に倣った近代化改革は、この時期に自立を追求した非ヨーロッパ地域の国に共通する課題と動きだったという事実を確認すれば十分である。

終　章

一身にして二生を経るが如く

近代アジアの共通体験

1895年（明治28）、慶応義塾に初めて到着した朝鮮国費留学生たち。
『未来をひらく　福澤諭吉展』図録（2009年、慶應義塾刊）より

終章では、まず、植民地化にともなって持ち込まれた啓蒙思想が、なぜアジアの知識人に強いインパクトを与えたのか、彼らにとって近代西欧文明は、どのような意味を持つものだったのか、アジアを変革するさいに西欧で誕生した啓蒙思想が、なぜ有効だったのか、啓蒙思想がアジアに広まるうえで果たした日本のユニークな役割、について検討する。その後、アジアの独立にさいして近代西欧文明が持った意義、西欧の制度が現代アジアにどのような意義を持っているのか、そして、啓蒙思想はアジアにとって過去形の出来事なのか、それとも現在も続いている営為なのか、など啓蒙思想と近現代アジアを巡る問題を考えてみる。

1　近代アジアの自立運動と日本

世界史における啓蒙思想の位相

本書は、近代アジアに登場した啓蒙思想家の言説に焦点をあてて、アジアの自立を巡る動きをみてきたが、イギリス人の歴史家のＪ・Ｍ・ロバーツは、世界各地に伝播した啓蒙思想が、世界史に持った意義を次のようにみている。

ヨーロッパでは一五〇〇年から一八〇〇年のあいだに、いくつもの巨大な変化が起こりました。なかでも重要だったのは、高い教育を受けた人びとの意識のなかに起きた変化です。科学的な発見があいついだことと、啓蒙思想の普及によって、彼らのあいだでしだいに理性的な思考が重んじられるようになったのです。……とくにヨーロッパと、ヨーロッパ人が進出した地域では、一九世紀末までの一五〇年間のあいだに多くの伝統が断ち切られるほどの変化が起こりました。……なぜなら強大な軍事力と経済力をもつヨーロッパ文明に対抗し、独立を維持するためには、みずからがヨーロッパ文明をとり入れなくてはならないというパラドックスが存在したからです。（東眞理子訳『〔図説〕世界の歴史　第七巻』六、七頁）

確かに、近代以降の時期における、アジアをはじめとして非ヨーロッパ地域の近代西欧文明を梃子にした「文明化」と「近代化」は、極めて強力な世界史の潮流であり、この潮流の外にいた地域や、それに抵抗できた地域はなかった。この点で、世界の他の地域と同様に、アジアも近代西欧文明に対して「受け身」の立場でしかなかったのである。しかし、本書でみてきた啓蒙思想家は、この激流でもあった潮流を前向きに主体的に捉え、啓蒙思想を自分の体内に血肉化して、アジア（自国）の伝統社会を変革し、西欧諸国の支配から自立するためのエネルギー源にしたのである。

「一身にして二生を経るが如く」の近代アジアの啓蒙思想家

このことは、彼らが、自分が生まれた国の民族文化と、近代西欧文明という、内容がまったく違う

なる。二つの価値観を体験したことを語っている。これをそれぞれの国の文脈に即して言うと、次のように

福沢は、儒教思想が支配する徳川時代末期に生まれ、近代西欧文明が流入した明治時代初期に、啓蒙思想を掲げた言論活動を約二〇年、行った。これは、彼がその生涯においてまったく違う価値観からなる二つの時代精神を体験したことを意味し、福沢がこれを、「一身にして二生を経るが如く」と形容したことをみた。興味深いのは、この福沢の体験は他の人びとにも当てはまることである。

陳独秀は、中国の伝統的正統思想である儒学を学んだが、一九一〇年代後半の約五年、啓蒙思想に依拠して中国を変革する言論活動を行った。カルティニは、ジャワの伝統文化とイスラーム文化のなかで育ったが、西欧で誕生した自立意識を知ると、二〇歳代前半の約五年、啓蒙思想に依拠した言説をインドネシア人に向かって吐露した。ネルーは、インドの伝統的民族文化を受け入れながらも、イギリス留学で近代西欧文明を知ると、インドに帰国後、植民地時代は独立運動指導者として、独立後は首相として、約五〇年、啓蒙思想と民主主義を武器に奮闘した。これは、中国の孫文と胡適、インドネシアのハッタ、それに朝鮮やベトナムなどの啓蒙思想家も同様だった。

なぜ、彼らは、その活動の一時期だったとはいえ、自国の伝統文化とは価値観が違う啓蒙思想を受け入れて、それに依拠した言論活動を行ったのか、その理由は次のことにあった。啓蒙思想は、ヨーロッパの中世に、自然と神が社会と秩序を創ったと信じて疑わなかった人びとに、人間の理性と合理主義精神と科学で、社会と秩序を創る事ができることを示して衝撃を与えたが、それに衝撃を受けたのは近代の西欧人だけでなく、アジアの知識人も同様だったのである。それゆえ、彼らも福沢と同様

に、「一身にして二生を経るが如く」の体験をしたのである。それだけでなく、この時期に世界各地に生まれて、自国の自立のために活動した多くの知識人が体験したことでもあったのである。

なぜ、彼らが二つの時代精神を体験したのか、西欧の世界支配との関連で言えば、その理由は次のことにあった。通常、人間は、それが何であれ、ある特定の価値観が支配する社会に生まれ、そのなかで、どのような人生を送ったかは別にして、過ごし死んでいく。とくに前近代社会では、自国とは違う価値観が支配する社会に移動した人は、ごく例外的でしかなかった。しかし、アジアが西欧諸国に植民地化されて、独立を目指す動き、あるいは、植民地化の危機が迫って、独立を護る動きが本格化した二〇世紀初めの時代はそうではなかった。彼らは、アジアの伝統的な民族文化価値観が支配する社会に生まれて、その下で育ちながらも、植民地化によって、開国によって、あるいは、欧米諸国への留学によって、それとはまったく違う啓蒙思想（価値観）に遭遇すると、それを自分の内部に採り込んで思想化したのである。

要するに、彼らが生まれ生きた時代は、長いアジアの歴史において、アジア全域が、ある時代精神から別の時代精神への交代期、より正確に言えば、アジアと西欧の価値観が複雑に交差する「端境期」だったのである。これをカルティニは、「変革の時代、旧時代から新時代への転換期」と表現したが、これはアジア史において極めて特異な時代だったのである。

なぜ、啓蒙思想がアジアの知識人に強い影響を与えたのか

ロバーツは、啓蒙思想がアジアや世界各地の人びと、とりわけ知識人に与えた意義は、「すべての

物事を批判的に見る懐疑的な態度」だったとし、その結果、「あらゆるものが検証と批判の対象」となり、「神聖なものなど何ひとつないと考えた人もいた」、と述べている。ロバーツが指摘するように、近代アジアの啓蒙思想家は批判精神と知性（理性）に対する全面的信頼と確信の下で、伝統的因習に縛られた自国の社会を変革するために果敢に切り込んでいったのである。ただ、なぜ、アジアと地理的に隔たり、歴史文化がまったく違う、西欧で誕生した啓蒙思想がアジアを変革するための有効な武器になったのかという疑問が起こる。その理由は、この時代に西欧諸国が植民地化を通じて世界を席捲したことに加えて、いつの時代のどの社会にも当てはまるものがある。それを解く鍵は、アメリカに四年程留学した、日本を代表する啓蒙思想家の一人で、キリスト教徒となった内村鑑三の次の言葉のなかに潜んでいる。

「山にある者は山を見ず」とは中国の聖賢の言った名言です。これは、距離をおいて眺めるならば、景色がすばらしくなるだけでなく幅広い視野の中でとらえられることを物語っています。山のほんとうの全容は、一定の離れたところから見てはじめてよく眺められるのです。自分自身の国についても同じです。その人が自国のうちにいるかぎり、その国のことはほんとうには解りません。その真の状態、すなわち大きな全体の一部であること、その善と悪、その長所と短所とを理解するためには、国から離れたところに立たねばなりません。（『余はいかにしてキリスト信徒となりしか』一六八頁）

内村が指摘するように、本書でみてきた啓蒙思想家は、欧米諸国への留学（ハッタはオランダに一一年留学した）、欧米諸国の旅行（福沢は三回した）、日本滞在を通じて近代西欧文明を知った（陳独秀など）、自国に留まりながら西欧に眼を向けた（カルティニがこの代表）など、接し方は違ったが、全員が自国とは異なる価値観を持った近代西欧文明に依拠して自国の姿を凝視したのである。とはいえ、地理的に隔たった国ならば、どこでもよいのではなく、自国とは異なる民族文化や価値観を持った国であることが重要だったのである。これによってのみ、真に自国を相対化してみることが可能になるだけでなく、自国を見る自分の意識と眼も鍛えられるからで、この点についても内村は言う。

外国旅行が健全な結果を与える点はこれだけにとどまりません。私たちは異国に居住していると、ほかのどんな境遇にもまして自分自身の内面に沈潜させられます。逆説的に聞こえるかもしれませんが、私たちは自分自身をいっそう知るために世界に出て行くのです。自己は他の人々と他の国々とに接するところで最もよく姿を現します。他の世界が私たちの目に映じて、はじめて内省が生じます。（『同』一七一頁）

要するに、世界に様々な「外国」があるなかで、彼らが生きた時代に、自国を批判的に見る眼を提供し、かつ鍛えてくれた唯一とも言える国が西欧だったのである。そして、西欧から自国をみるさいに、「母国愛」、すなわち、「民族意識」を持ってみることが重要なのである。これによってのみ、それまで自明なものとして受け入れていた自国の伝統的因習に対する懐疑が生まれて、その問題点が見えてくるからである。

日本のユニークな二つの顔

アジアの多くの国や地域で自立を求める啓蒙思想活動が起こったなかで、ユニークなのが日本である。その理由は、二つの機能を果したことにある。

一つは、福沢に代表されるもので、日本の独立を護るために啓蒙思想活動を行ったことである。序章で福沢の啓蒙思想言説を検討したが、これはアジア諸国のそれとまったく同じであり、この点では、日本はアジアの一員だったのである。

もう一つは、これに関連するもので、東アジアの国の啓蒙思想活動を支援したことである。具体的には、近代化改革を目指した朝鮮と清の留学生を受け入れて、彼らが日本で近代西欧文明を学んだこと、それに、政府などが朝鮮の近代化改革に関与したこと、失敗すると中国の陳独秀や孫文、朝鮮の朴泳孝など亡命者を受け入れたことである。これを広く考えると、ベトナムのファン・ボイ・チャウが主導した東遊運動も、これに含められ、ベトナム人留学生も日本で学んだ。これが意味することは次のことにある。西欧で誕生した啓蒙思想は、植民地化を通じてアジアに伝播したものであり、これが伝播における「メイン・ルート」（直接ルート）だとすると、日本経由で伝播したものは、「サブ・ルート」（間接ルート）になる。別の喩えで言えば、西欧諸国が啓蒙思想の「本店」だとすると、西欧諸国に倣った近代化を遂げた日本は東アジアの「支店」になる。この限りで、日本はアジアに啓蒙思想が広まるうえで、「疑似」西欧国の機能と役割を果したのである。

しかし、日本のユニークさと問題はこれに止まらない。啓蒙思想の伝播における東アジアの支店が「明の顔」だとすると、「暗の顔」も持ったからである。それが、植民地支配国として、アジア、とりわけ東アジアの国の啓蒙思想に依拠する自立運動を抑圧したことである。朝鮮で愛国啓蒙運動を止めさせたことは、その一例だが、この顔を象徴するものとして次のことが挙げられる。第一次世界大戦が終わった翌一九一九年に開催されたパリ講和会議を契機に、植民地主義に反対する中国で「五・四運動」が起こり、朝鮮でも元皇帝の葬儀をきっかけに、日本の植民地支配に反対する「三・一独立運動」が起こったが、日本はこの自立運動を徹底的に抑圧したのである。これは、イギリスのインド、オランダのインドネシア、フランスのベトナムにおける独立運動の抑圧とまったく同じである。

このことは、日本のユニークさに関わる次の特徴につながっていく。それが、国内では、近代化と自立のために啓蒙思想活動を行い、国外では、東アジアの国の自立運動を抑圧したことである。この時代の日本は矛盾する二つの顔を持っていたが、なぜだろうかという疑問が起こる。これを解くヒントは、ネルーのイギリスが近代西欧文明の伝播国と、インドの独立運動を抑圧する植民地支配国の二つの顔を持っていたという指摘にある。日本もこれとまったく同じだからである。すなわち、近代化を必死に進めて西欧諸国の文明水準に追いつくことを国是にしていた日本は、それをある程度達成すると、今度は西欧諸国の植民地支配国の顔に見習った、あるいは、目標を取り替えたのである。この点では、日本は世界の一員、もっと正確に言えば、西欧植民地国側の一員でもあったのである。

2　啓蒙思想と現代アジア

近代西欧文明を採り入れたアジア諸国の独立宣言

第二次世界大戦後にアジアは独立したが、独立運動を指導したアジア諸国の社会集団がどのようなものだったのか、インド人の歴史研究者のK・M・パニッカルは次のように指摘している。

アジアのいずれの国においても、終局的にはヨーロッパの支配権を排除した運動の指導権が、帝国主義の庇護下の西洋で教育を受けた人士にあったということである。マハトマ・ガンジーやジャワハルラル・ネルーのみかインド国民会議派の創設者たちも西洋で教育を受けていた。日本では、国家の再組織化運動を指導したのは、他ならない将軍家によって西洋へと派遣された調査隊のグループの者たちであった。中国では、満州皇帝の廃位は、西洋で教育を受けた人々の仕業ではなかったが、続く革命運動の強化は西洋の教育を受けた者たちによって指導された。インドネシア、インドシナ、ビルマ、セイロンで指導権を行使したのは、西洋で教育を受けた——ウオッグズ（WOGs）［Westernized Oriental Gentlemen——西洋化された東洋の紳士］とヨーロッパ人は軽蔑して呼ぶが——男女たちであった。（左久梓訳『西洋の支配とアジア』四五一〜四五二頁）

ここでパニッカルが指摘していることは、西欧諸国は西欧型教育をアジアに持ち込んだことによって、自分たち植民地支配の「墓掘人」を育てたという、歴史のパラドックス（皮肉）である。アジアは、西欧諸国が植民地化にともなって持ち込んだ西欧型教育、それに自ら習得した民族自決や国家主権の考えを武器に独立すると、新生国家の政治、経済、社会などの分野で近代西欧文明の理念や制度を基本に据えたが、出発点の独立宣言もその一つだった。三ヵ国の例を挙げてみよう。

ベトナムは、独立にさいして社会主義体制を選択し、一九四五年九月のベトナム民主共和国（北ベトナム）の独立宣言は、民主主義の理念を謳った双璧と言われる、アメリカの独立宣言とフランス革命の人権宣言を掲げて次のように述べた。

全国の同胞たちよ

「すべての人は生まれながらにして平等な権利をもっている。造物主は彼らに誰も侵犯することのできない権利を与え、その中には生活権、自由権、幸福を追求する権利が含まれる。」

この不滅の言葉は、一七七六年米国の「独立宣言」の中にある。これを広く解釈すれば、世界のすべての民族は生まれながらにして平等であり、どの民族も生存権、享楽権と自由権をもっているということになる。

一七九一年フランス革命の「人権と民権の宣言」は次のように述べている。

「人は生まれながらにして権利に関して自由かつ平等であり、常に権利に関して自由・平等でなければならない。」

これは誰も否定することのできない道理である。

しかしながら、過去八〇年間フランス植民地主義者は自由・平等・博愛の旗を利用して我が国を略奪し、我が同胞を抑圧した。彼らの行動は人道と正義に完全に反するものである。(『世界史史料　第一〇巻』三九一〜三九二頁)

この宣言にも拘わらず、第二次世界大戦後にベトナムが、フランスとアメリカの両国から、極めて苛酷な独立戦争を強いられたこと、すなわち、一九四五〜五四年の対フランスの独立戦争、一九六五〜七五年の対アメリカのベトナム戦争は、世界史の、より正確に言えば、近代西欧文明の「不条理」としか言いようがない。

インドネシアは、一九四五年八月の独立にさいして民主主義体制を選択し、一九四五年憲法の前文で、「独立はすべての民族の権利である。したがって、人道主義と正義にもとる植民地主義は、必ず一掃されなければならない」と、西欧で誕生した民族自決と主権国家の理念を謳ったのである。

ミャンマーは一九四八年にイギリスから独立したが、前年の憲法草案準備会議において、独立運動指導者のアウンサンは、社会契約説と民主主義に依拠して、国家のあり方を次のように述べた。

社会は複雑化し、さまざまな経済的階級が生まれ、相互の利益がぶつかり合うようになった。この社会における相互対立の調停者として登場したのが国家である。したがって国家というものは人々の共通の利益の擁護のために生まれたとみなすことができ、その保有する権力は社会から発生していると解釈すべきである。しかし、……国家は少数の傲慢な人々によって擬人化されるようになり、社会とは完全に切り離されていってしまった。君主制はその典型を示しており、とりわけ王権神授説時代の君主制はその最たるものだと言える。近代に入って君主制は法律によってその権限を制約される立憲君主制となったが、……我々はあくまでも国家が社会から発生したのだという根源的認識に戻り、君主制とは正反対に位置する人民主権の考え方を選ばなければならない。当然その考え方を生かそうとすれば共和制が求められることになる。（根本敬『アウン・サン』一七六〜一七七頁）

アウンサンは、イギリスが創ったミャンマーのラングーン大学で学んだものの、欧米諸国への留学経験はないが、啓蒙思想に依拠して独立後の国家形成の理念を説いたのである。

言うまでもないことだが、これらの独立宣言や憲法に掲げた近代西欧文明の理念が、これらの国で現在、完全に実現しているかどうかは重要だとはいえ、ひとまずは別問題である。ここで重要なのは、アジア諸国の独立にさいして、それが導きの糸になったことを確認すれば十分なことである。

資本主義と現代アジア

本書は、西欧で誕生した資本主義がアジアに与えた影響について検討しなかったが、現在、どの国も資本主義を経済原理にしていることも、独立後における西欧の影響を示す重要な一つに挙げられる。

植民地化される前のアジアは、アジア域内、中東、それにヨーロッパの地中海地域と貿易が行われていたとはいえ、ほとんどの国が自給自足の農業を中心にする伝統経済に依存していた。西欧諸国がアジアを植民地化した目的の一つが、大規模プランテーションで一次産品栽培を行い、それを世界市場に輸出して、利益を得ることにあったことをみたが、ここから、アジアに資本主義が持ち込まれたのである。

注目されるのは、独立するとどの国も、西欧諸国の政治支配は拒否したが、農業基盤型の伝統経済に復帰したのではなく、植民地時代に導入された資本主義を原理にする経済開発（工業化）を進めたことである。ただ、中国など社会主義国は社会主義の計画経済を原理にし、インドも社会主義型開発を採用したが、一九九〇年前後に冷戦が終わって社会主義国ソ連が崩壊すると、両国を含めてアジアの全ての国が資本主義型開発に転換した。そこでは、欧米諸国の経済が目標とされ、これを語る一つが、中国の周恩来首相が一九五〇〜七〇年代に数回に及んで、工業、農業、国防、科学技術の「四つの近代化」を謳ったことである。ただ、周恩来の時代には、文化大革命などの混乱で近代化は進展しなかったが、一九七〇年代末に実権を握った鄧小平によって強力に推進された。

アジア諸国の経済開発過程の検討は省略するが、現在、アジアには西欧諸国の経済規模を上回る国が少なくない。とりわけ本書でみた、中国、日本、インド、インドネシアがそうである。ただ、その一因は、日本を除くと、資本主義が定着して高度化したというよりも、労働人口や消費人口が多いこと、すなわち「質」ではなく「量（規模）」にあるというアジア社会の特殊性にあるが、ここでも重要なのは、現在、アジア諸国の経済を支える原理が西欧で生まれた資本主義であること、近年は、それをさらに発展させていることである。これもまた、「はじめに」でみた、近代西欧文明が生みだして人類（アジア）の運命をからめとってしまったものの一つなのである。

いまも続く「自由で平等な社会」への課題

いま、現代アジアでは西欧で誕生した諸々の制度が、政治や経済や社会の軸になっていることをみたが、しかし、これで終わりではなく、重要な問題が一つ残っている。もし、現代アジアでは西欧で誕生した制度が基本になっているという事実の確認で終わるならば、「中体西用」などとほとんど変わらないからである。というのは、単に形式的に西欧の制度があるに過ぎない場合もありうるからで、それを動かす思想や精神と無関係に、ともかくも制度があるからそれでよしとする態度を、丸山真男は「制度の物神化」と呼んでいる。したがって、重要なのは、これらの制度によって、啓蒙思想家が希求して苦闘した「自由で平等な社会」が実現しているかどうかにある。この場合にのみ、西欧の制度が真の意義を持つからである。

この点では、率直に言えば、アジア諸国は様々な問題を抱えているのが実情である、と言わざるを得ない。一例を挙げると、民主主義を原理にしている国でも、一部の国で、自国社会の特殊性を理由に国民の政治的自由や人権を抑制する「アジア型民主主義」論が、現在も根強いからである。「自由で平等な社会」を創る運動は、現在も続いているのである。

アジアの啓蒙思想家の歴史的意義

最後に、これとの関連で、近代アジアの啓蒙思想家の歴史的意義について述べておきたい。活動時期に違いはあったものの、彼らは、西欧の力がアジアを覆っていた二〇世紀初めに、自国の自立のた

中江兆民（1847—1901）

めに、啓蒙思想に依拠して個人の自立、自由、民主主義など、現代国家と社会を支える価値規範を熱く説いた。ただ、彼らが説いたこと、望んだことが、そのまま実現したのではなく、各国ともに紆余曲折の道を辿り、その評価は簡単ではないし一様でもない。一部の啓蒙思想家は考え方を変えたし、啓蒙思想に反対する知識人もいたし、啓蒙思想以外の思想、例えば、共産主義も登場したからである。しかし、彼らが説いた理念が現在十全に実現していないことを理由に、その活動と意義を軽視したり、否定したりすることは間違っている。

明治時代の啓蒙思想家の一人、中江兆民は、啓蒙思想を説いた『三酔人経綸問答』で登場人物の一人に仮託して、「思想は種子です、脳髄は畑です。あなたがほんとに民主思想が好きなら、口でしゃべり、本に書いて、その種子を人々の脳髄のなかにまいておきなさい。そうすればなん百年か後には、国じゅうに、さわさわと生え茂るようになるかも知れないのです。今日、人々の脳髄のなかに、帝王、貴族の草花が根をはびこらせているまっ最中、ただあなたの脳髄にだけ一つぶの民主の種子が発芽したからとて、それによってさっそく民主の豊かな収穫を得ようなどというのは、心得ちがいではありませんか」、と言っている。

　中江がいみじくも指摘するように、重要なのは、啓蒙思想の種が播かれた後のことである。この点では、今もアジア各地で、啓蒙思想家が説いた理念を実現しようとする人びとと、それに反対・抵抗する人びとの「鬩ぎ合い」が続いているのである。一九八〇年代末に中国共産党を批判する知識人や学生が民主と自由を掲げる民主化運動を行ったこと、八九年六月の天安門事件のさいに、一部の学生が、陳独秀が唱えた「民主と科学」の横断幕を持って行進したこと、現在、香港の人びとが自由と民主主義を求めて果敢な運動を行っていること、はその一例である。これは、タイやフィリピンやミャンマーなど強権政治を強めている国もそうだし、ムスタファが進めた「西欧化」に反して、現在、エルドアン大統領が政権を維持する目的でイスラームの「復興」を目論んでいるトルコなど、多くの国にも当てはまる。

　このことは、啓蒙思想がもはや「過去形」なのではなく、それを実現するための運動が受け継がれて「現在進行形」であることを語っている。本書でみてきた啓蒙思想家は、アジアが進むべき道を示した「道先案内人」、中江の言葉を使うと「種を播いた人」であり、これがそのまま、彼らがアジア近現代史に持った意義なのである。

あとがき

本書執筆のきっかけは、福沢諭吉の『文明論之概略』を読んだことにある。日本が歴史的な国家危機に直面した明治維新の頃に、国家と国民の自立を熱く説いた同書を、これまで幾度か読んだが、三年程前に『アジア近現代史』を書き終えた後、改めてアジアについて基本的文献を勉強しようと思ったさいに、アジアの一員である日本についても学ぶ必要があると考えて、まず最初に手にした本だった。読むと、論旨が極めて明瞭、主張も明快で痛快に感じて、福沢のような世界に通じる優れた思想家が登場したことに強い感銘を受けた。

と同時に思ったことは、西欧諸国による植民地化の危機が迫ったなかで、近代西欧文明に倣って自立を求めたのは、日本の福沢だけでなく、アジアの国々の知識人や思想家も同じだったということである。これまで、このテーマに関して、ある国のある思想家を詳しく論じた専門研究書は少なくないが、一冊の本でアジア全域を視野にいれたものが皆無に近いことから、広くアジアでどのような啓蒙思想家が登場して、自立のためにどういった主張を展開したのか、福沢を一つの指標（モデル）にして、陳独秀、カルティニ、ネルーなどを横並びで検討したならば、当時の姿が浮かび上がるのではないか、これは意義あることではないかと考えた。

ただ、そうは思ったものの、アジアの一つ一つの国、一人一人の啓蒙思想家についての知識や理解が不十分な自分にとり、参考資料をどうするかという問題があった。これについては、これまでに書かれた数多くの研究書などが役立った。これらの優れた先行研究なしには、本書は成立しなかったことは確かである。

二〇世紀初め前後の時代に、自国の自立と、自由で平等な社会を求めて精力的な言説活動を行った啓蒙思想家の著作を読みながら痛感したのは、「はじめに」でも触れたように、現在、アジアや世界の潮流がこれとは違う方向へ向かっていることだった。その実態や原因を探り考えることは極めて重要だが、それは別のテーマに属している。本書で言いたかったことは、「この潮流は違うのではないか」という、自分なりのささやかな「異議申し立て」である。とはいえ、読者にこの想いが伝わったかどうか、そもそもこのような想いがアジアの進むべき道として適切かどうか、それに本書が意義あるものかどうかなどについては、読者の忌憚のない批判と判断にゆだねるしかない。

執筆過程では、講談社学術図書編集チーム部長の梶慎一郎さんに、たいへんお世話になった。コロナ禍のさなかにもかかわらず、もっとアジアの多くの国の啓蒙思想家を入れたらどうかという提案をはじめ、章構成、史料引用文の扱いなど、適切なアドバイスを頂いた。感謝したい。とはいえ、内容についての責任が筆者にあることは言うまでもないことである。

二〇二一年五月

岩崎育夫

参考文献

序章

ウートラム、ドリンダ／田中秀夫監訳『啓蒙』法政大学出版局　二〇一七年
鹿野政直『福沢諭吉』（新装版）清水書院　二〇一六年
カント、イマニュエル／篠田英雄訳『啓蒙とは何か』岩波文庫　一九七四年
クレイグ、アルバート・M／足立康・梅津順一訳『文明と啓蒙――初期福澤諭吉の思想』慶應義塾大学出版会　二〇〇九年
周程『福澤諭吉と陳独秀――東アジア近代科学啓蒙思想の黎明』東京大学出版会　二〇一〇年
福沢諭吉『学問のすゝめ』岩波文庫　一九四二年
福沢諭吉『福翁自伝』講談社学術文庫　二〇一〇年
福沢諭吉『文明論之概略』岩波文庫　一九九五年
福田歓一『近代の政治思想――その現実的・理論的諸前提』岩波新書　一九七〇年
マクニール、ウィリアム・H／増田義郎・佐々木昭夫訳『世界史（上）（下）』中公文庫　二〇〇八年
松沢弘陽『近代日本の形成と西洋経験』岩波書店　一九九三年
丸山真男『日本の思想』岩波新書　一九六一年
丸山真男『「文明論之概略」を読む（上）（中）（下）』岩波新書　一九八六年
丸山眞男『丸山眞男集　第七巻』岩波書店　一九九六年
ルソー／桑原武夫・前川貞次郎訳『社会契約論』岩波文庫　一九五四年
ロバートソン、ジョン／野原慎司・林直樹訳『啓蒙とはなにか――忘却された〈光〉の哲学』白水社　二〇一九年

歴史学研究会編『世界史史料　第一巻～第一二巻』岩波書店　二〇〇六～一〇、一二、一三年
歴史学研究会編『日本史史料　第四巻』岩波書店　一九九七年

第一章

尾形勇・岸本美緒編『中国史』山川出版社　一九九八年
グリーダー、ジェローム・B／佐藤公彦訳『胡適1891－1962――中国革命の中のリベラリズム』藤原書店　二〇一八年
高文謙／上村幸治訳『周恩来秘録――党機密文書は語る（上）（下）』文春文庫　二〇一〇年
佐藤公彦『陳独秀――その思想と生涯1879－1942』集広舎　二〇一九年
孫文／安藤彦太郎訳『三民主義（上）（下）』岩波文庫　一九五七年
孫文／深町英夫編訳『孫文革命文集』岩波文庫　二〇一一年
陳独秀／長堀祐造他編訳『陳独秀文集　第一巻、第三巻』平凡社東洋文庫　二〇一六～一七年
長堀祐造『陳独秀――反骨の志士、近代中国の先導者』山川出版社、二〇一五年
容閎／百瀬弘訳注『西学東漸記――容閎自伝』平凡社東洋文庫　一九六九年
横山宏章『孫文と陳独秀――現代中国への二つの道』平凡社新書　二〇一七年
横山宏章『陳独秀の時代――「個性の解放」をめざして』慶應義塾大学出版会　二〇〇九年
横山英・中山義弘『孫文』（新装版）清水書院　二〇一四年
梁啓超／小野和子訳注『清代学術概論――中国のルネッサンス』平凡社東洋文庫　一九七四年

第二章

池端雪浦編『東南アジア史　Ⅱ　島嶼部』山川出版社　一九九九年

カルティニー／牛江清名訳『暗黒を越えて――若き蘭印女性の書簡集』日新書院　一九四〇年
白石隆『スカルノとスハルト――偉大なるインドネシアをめざして』岩波書店　一九九七年
スロト、シティスマンダリ／舟知恵・松田まゆみ訳『民族意識の母　カルティニ伝』井村文化事業社　一九八二年
土屋健治『インドネシア――思想の系譜』勁草書房　一九九四年
土屋健治『カルティニの風景』めこん　一九九一年
富永泰代『小さな学校――カルティニによるオランダ語書簡集研究』京都大学学術出版会　二〇一九年
ハッタ、モハマッド／大谷正彦訳『ハッタ回想録』めこん　一九九三年
ムルタトゥーリ／佐藤弘幸訳『マックス・ハーフェラール――もしくはオランダ商事会社のコーヒー競売』めこん　二〇〇三年

第三章

辛島昇編『南アジア史』山川出版社　二〇〇四年
ガーンディー、M・K／田中敏雄訳『ガーンディー自叙伝――真理へと近づくさまざまな実験　1　2』平凡社東洋文庫　二〇〇〇年
ガーンディー、M・K／田中敏雄訳『真の独立への道（ヒンド・スワラージ）』岩波文庫　二〇〇一年
坂本徳松『ガンジー』（新装版）清水書院　二〇一五年
長崎暢子『ガンディー――反近代の実験』岩波書店　一九九六年
中村平治『ネルー』（新装版）清水書院　二〇一四年
丹羽京子『タゴール』（新装版）清水書院　二〇一六年
ネルー、J／辻直四郎・飯塚浩二・蠟山芳郎訳『インドの発見（上）（下）』岩波書店　一九五三、五六年
ネルー、ジャワーハルラール／大山聰訳『父が子に語る世界歴史（一）～（八）』（新装版）みすず書房　二〇一六年

ロバーツ、J・M／東眞理子他訳『［図説］世界の歴史　第一巻〜第一〇巻』創元社　二〇〇二〜〇三年

第四章

今井宏平『トルコ現代史――オスマン帝国崩壊からエルドアンの時代まで』中公新書　二〇一七年
岩崎育夫『リー・クアンユー――西洋とアジアのはざまで』岩波書店　一九九六年
柿崎一郎『物語　タイの歴史――微笑みの国の真実』中公新書　二〇〇七年
金玉均他／月脚達彦訳注『朝鮮開化派選集――金玉均・朴泳孝・兪吉濬・徐載弼』平凡社東洋文庫　二〇一四年
月脚達彦『朝鮮開化思想とナショナリズム――近代朝鮮の形成』東京大学出版会　二〇〇九年
潘佩珠／長岡新次郎・川本邦衛編『ヴェトナム亡国史 他』平凡社東洋文庫　一九六六年
古田元夫『ベトナムの世界史――中華世界から東南アジア世界へ』（増補新装版）東京大学出版会　二〇一五年
古田元夫『ホー・チ・ミン――民族解放とドイモイ』岩波書店　一九九六年
リー・クーンチョイ／花野敏彦訳『南洋華人――国を求めて』サイマル出版会　一九八七年
柳忠熙『朝鮮の近代と尹致昊――東アジアの知識人エトスの変容と啓蒙のエクリチュール』東京大学出版会　二〇一八年

終章

内村鑑三／鈴木範久訳『余はいかにしてキリスト信徒となりしか』岩波文庫　二〇一七年
中江兆民／桑原武夫・島田虔次訳・校注『三酔人経綸問答』岩波文庫　一九六五年
根本敬『アウン・サン――封印された独立ビルマの夢』岩波書店　一九九六年
パニッカル、K・M／左久梓訳『西洋の支配とアジア――1498―1945』藤原書店　二〇〇〇年

［マ・ヤ］

［ラ・ワ］

［タ］

［ナ・ハ］

［サ］

索引

「啓蒙思想」「西欧文明」「近代化」など、全体にわたって頻出する用語は省略した。

[ア]

[カ]

岩崎育夫（いわさき・いくお）
一九四九年、長野県生まれ。立教大学文学部卒業。アジア経済研究所地域研究第一部主任調査研究員、拓殖大学国際学部教授などを歴任。主な著書に『リー・クアンユー――西洋とアジアのはざまで』（岩波書店）、『物語　シンガポールの歴史――エリート開発主義国家の200年』『アジア近現代史――「世界史の誕生」以後の800年』（中公新書）、『アジア政治とは何か――開発・民主化・民主主義再考』（中公叢書）、『アジアの国家史――民族・地理・交流』（岩波現代全書）、『世界史の図式』（講談社選書メチエ）、『入門　東南アジア近現代史』（講談社現代新書）などがある。

近《きん》代《だい》アジアの啓《けい》蒙《もう》思《し》想《そう》家《か》

二〇二一年 七月一三日 第一刷発行

著者 岩《いわ》崎《さき》育《いく》夫《お》

発行者 鈴木章一

発行所 株式会社 講談社
東京都文京区音羽二丁目一二—二一 〒一一二—八〇〇一
電話（編集）〇三—三九四五—四九六三
（販売）〇三—五三九五—四四一五
（業務）〇三—五三九五—三六一五

装幀者 奥定泰之

本文データ制作 講談社デジタル製作

本文印刷 信毎書籍印刷 株式会社

カバー・表紙印刷 半七写真印刷工業 株式会社

製本所 大口製本印刷 株式会社

ISBN978-4-06-524177-6 Printed in Japan N.D.C.220 245p 19cm

講談社選書メチエの再出発に際して

講談社選書メチエの創刊は冷戦終結後まもない一九九四年のことである。長く続いた東西対立の終わりはついに世界に平和をもたらすかに思われたが、その期待はすぐに裏切られた。超大国による新たな戦争、吹き荒れる民族主義の嵐……世界は向かうべき道を見失った。そのような時代の中で、書物のもたらす知識が一人一人の指針となることを願って、本選書は刊行された。

それから二五年、世界はさらに大きく変わった。特に知識をめぐる環境は世界史的な変化をこうむったとすら言える。インターネットによる情報化革命は、知識の徹底的な民主化を推し進めた。誰もがどこでも自由に知識を入手でき、自由に知識を発信できる。それは、冷戦終結後に抱いた期待を裏切られた私たちのもとに差した一条の光明でもあった。

その光明は今も消え去ってはいない。しかし、私たちは同時に、知識の民主化が知識の失墜をも生み出すという逆説を生きている。堅く揺るぎない知識も消費されるだけの不確かな情報に埋もれることを余儀なくされ、不確かな情報が人々の憎悪をかき立てる時代が今、訪れている。

この不確かな時代、不確かさが憎悪を生み出す時代にあって必要なのは、一人一人が堅く揺るぎない知識を得、生きていくための道標を得ることである。

フランス語の「メチエ」という言葉は、人が生きていくために必要とする職、経験によって身につけられる技術を意味する。選書メチエは、読者が磨き上げられた経験のもとに紡ぎ出される思索に触れ、生きるための技術と知識を手に入れる機会を提供することを目指している。万人にそのような機会が提供されたとき初めて、知識は真に民主化され、憎悪を乗り越える平和への道が拓けると私たちは固く信ずる。

この宣言をもって、講談社選書メチエ再出発の辞とするものである。

二〇一九年二月　　野間省伸